Thomas Gerhards

Pazifismus und Kriegsdienstverweigerung in der frühen Kirche

edition pace | Band 27
Regal: Pazifismus der frühen Kirche 2
Herausgegeben von Peter Bürger

In Kooperation mit:
Internationaler Versöhnungsbund / deutscher Zweig,
Lebenshaus Schwäbische Alb,
Ökumenisches Institut für Friedenstheologie,
Solidarische Kirche im Rheinland

Thomas Gerhards

Pazifismus und Kriegsdienstverweigerung in der frühen Kirche

Eine Quellensammlung

Mit einer Einleitung von
Konrad Lübbert
(1984)

edition pace

Diese Buchausgabe
folgt der schon erschienenen
Digitalversion des Online-Regals: OekIF,
Lebenshaus Schwäbische Alb, SoKi, VB

© 2024

Thomas Gerhards (Bearb.)

PAZIFISMUS UND KRIEGSDIENSTVERWEIGERUNG
IN DER FRÜHEN KIRCHE – Eine Quellensammlung
Mit einer Einleitung von Konrad Lübbert.

edition pace ׀ Band 27
(*Regal: Pazifismus der frühen Kirche* 2)

Neu ediert nach der 6. Auflage (1991) & gestaltet von Peter Bürger

Umschlagbilder: Bronze von Jewgeni Wutschetitsch / UdSSR
für die UNO, 1959 (Neptuul); Table of Martyrs, Algerien 4. Jh.
(Sharon Mollerus) ׀ commons.wikimedia.org

Verlag: BoD · Books on Demand GmbH, In de Tarpen 42,
22848 Norderstedt ׀ Druck: Libri Plureos GmbH,
Friedensallee 273, 22763 Hamburg
ISBN: 978-3-7693-2108-1

Inhalt

Die hier ohne Änderungen erneut edierte Quellensammlung *„Pazifismus und Kriegsdienstverweigerung in der frühen Kirche"* kursierte 1984 als ‚Geheimtipp' unter friedensbewegten Christenmenschen und wurde dann aufgrund der starken Nachfrage bis 1991 vom deutschen Zweig des Internationalen Versöhnungsbundes in sechs Auflagen verbreitet – versehen mit einem Vorwort des damaligen VB-Vorsitzenden Konrad Lübbert (1832-1999).[1]

Der Bearbeiter Thomas Gerhards (Jg. 1959) ist Schreiner, Dipl.-Theologe und Sozialwissenschaftler (Studium in Bonn und Würzburg). Zu seinem Weg gehören langjährige berufliche Tätigkeiten u. a. in der Erwachsenenbildung und der kirchlichen Entwicklungszusammenarbeit. Gegenwärtig engagiert er sich besonders bei Protesten am Atomwaffenstandort Büchel und in dem dort regelmäßig zusammenkommenden Kreis des Friedensgebets.

Thomas Gerhards hatte während des Studiums festgestellt, *„wie unbekannt und unzureichend das Wissen um die Haltung der frühen Christen zu Krieg und Kriegsdienst war"* (→S. 18), denn sogar in den kirchengeschichtlichen Lehrbüchern herrschte diesbezüglich weithin ‚Stillschweigen'. Seine kompakte Broschüre sorgte gründlich für Abhilfe und erleichtert es uns nun vier Jahrzehnte später, innerhalb der Reihe ‚edition pace' ein ‚Regal zum Pazifismus der frühen Kirche' zunächst mit schon vorhandenen Arbeiten[2] aufzubauen. Bezeichnender Weise beginnt Gerhards Zusammenstellung mit Zeugnissen zur frühchristlichen *Praxis* (Kriegsdienstverweigerung), um

---

[1] Grundlage unserer Edition: Thomas GERHARDS (Hg.), *Pazifismus und Kriegsdienstverweigerung in der frühen Kirche. – Eine Quellensammlung.* (Mit einer Einleitung von Konrad Lübbert). 6., überarbeitete Auflage. Uetersen: Internationaler Versöhnungsbund – deutscher Zweig 1991. [67 Seiten] | Vollständig auch enthalten in: Thomas NAUERTH (Hg.), *Handbibliothek Christlicher Friedenstheologie* (= Sonderband der Digitalen Bibliothek). Berlin 2004.

[2] Bereits erschienen: Adolf von HARNACK, *Militia Christi. Die christliche Religion und der Soldatenstand in den ersten drei Jahrhunderten.* Mit einem einleitenden Essay von Franz Segbers. (edition pace | Regal: Pazifismus der frühen Kirche 1). Herausgegeben von P. Bürger. Norderstedt 2024. (ISBN: 978-3-7597-6020-3). – In Vorbereitung: Egon SPIEGEL, *Gewaltverzicht. Grundlagen einer biblischen Friedenstheologie.* Dritte Auflage (edition pace | Regal: Pazifismus in der frühen Kirche).

sodann in einem weiteren Durchgang die *theologischen Schriftsteller* der Alten Kirche zu Wort kommen zu lassen. Alle zentralen Aussagen der Apologeten und Kirchenväter werden berücksichtigt. Einmütig finden wir in ihnen den Gegensatz von Christsein und Kriegshandwerk bezeugt. Bis heute kann niemand aus der Zeit *vor* dem Soldatenkaiser Konstantin, der sich unter dem ‚Zeichen Christi' eine neue (bzw. die alte) *Religion der Waffenrüstung und des Siegens* zurechtlegen wird, gegenteilige Voten von christlichen Theologen anführen.

Die Behauptung, es sei bei der frühchristlichen Kriegsverweigerung lediglich um so etwas wie eine „kultische Reinheit" der Getauften unter den Bedingungen eines heidnischen Militärwesens gegangen, ist auch nach eineinhalbtausend Jahren noch nicht verstummt. Wie absurd diese ideologische Konstruktion jedoch ist, können alle Fragenden anhand des vorliegenden Quellenbandes selbst erkunden. Schon JUSTIN († 165 n. Chr.) und IRENÄUS VON LYON († um 200 n. Chr.) bringen die Perspektive der Propheten Israels ins Spiel: die Freundinnen und Freunde Jesu verstehen sich nämlich als *Vorhut jener neuen Menschheit*, die das zerstörerische ‚Zivilisationsprogramm Krieg' überwindet (→S. 61-62). – Welch ein Kontrast zu den bürgerlich dressierten Kirchentümern unserer Tage, die lediglich an Weihnachten und ganz unverbindlich vom ‚Heiland aller Welt' singen. – Noch LAKTANZ (→S. 82-84) weiß Ende des 3. Jahrhunderts, dass es den Christen *allzeit* verwehrt ist, sich an der Tötung eines Menschen in irgendeiner Weise zu beteiligen, und er entlarvt *vor* der ‚staatskirchlichen Wende' sogar die Militärdoktrinen zur Sicherung der wirtschaftlichen und geostrategischen Interessen der eigenen Nation (bzw. des ‚richtigen' imperialen Blocks).

Wir werden im weiteren Verlauf unseres Bibliothekaufbaus einige neuere – z. T. leider unsachgemäß aufgebauschte – Forschungsergebnisse (z. B. frühe Präsenz von Christen an Militärstandorten) und den aktualisierten Stand der Bibliographie zum Thema berücksichtigen. Zu grundlegenden Revisionen besteht keinerlei Anlass. Was Thomas Gerhards in seiner Gesamtschau der altkirchlichen Zeugnisse darbietet, vermittelt noch immer alle bedeutsamen Primärquellen (Kernbestand) und Aspekte.

Dezember 2024 | Peter Bürger

„Wenn alle es machen würden wie die Christen", so schrieb der Platoniker Celsus im dritten Jahrhundert kritisch über die Kriegsdienstverweigerung der Christen, „so wäre der Kaiser bald allein und vereinsamt, und die Dinge auf Erden würden in kurzem in die Hände der wildesten und abscheulichsten Barbaren geraten; darum sollten die Christen dem Kaiser den möglichsten Beistand gewähren, ihn in der Erfüllung der Obliegenheiten seines Amtes unterstützen, für ihn die Waffen tragen und, wenn die Not es fordert, für ihn zu Felde ziehen und seine Truppen anführen".

Auf diese sehr aktuell anmutende und oft in der Geschichte so oder leicht abgewandelt vorgetragene Argumentation für den Kriegsdienst antwortete derzeit der Christ Origenes im Blick auf sich und seine Glaubensbrüder: „Wir sind gekommen, den Ermahnungen Jesu gehorsam, die Schwerter zu zerbrechen, mit denen wir unsere Meinungen verfochten und unsere Gegner angriffen, und wir verwandeln die Speere, deren wird uns früher im Kampf bedient haben, in Pflugscharen; wir lernen nicht mehr, den Krieg zu führen, nachdem wir Kinder des Friedens geworden sind durch Jesus, der unser Führer anstelle der heimischen geworden ist."

Die Argumente des Nicht-Christen Celsus haben sich über viele Jahrhunderte hinweg bei der Mehrheit der Christenheit durchgesetzt, nicht die Haltung des Christen Origenes. Wie kam es dazu?

Origenes ruft die prophetische Verheißung des Alten Testamentes in Erinnerung, wie sie von Jesaja und Micha ausgesprochen wurde: „Dann schmieden sie Pflugscharen aus ihren Schwertern und Winzermesser aus ihren Lanzen. Man zieht nicht mehr das Schwert, Volk gegen Volk, und übt nicht mehr für den Krieg." Heute stehen diese Worte auf dem Denkmal vor dem UNO-Gebäude in New York, und der Philosoph Ernst Bloch schreibt dazu: „Hier ist das Urmodell der pazifistischen Internationale". In Jesus ist die Verheißung des alten Bundes zur Erfüllung gekommen, und Gott wird im Neuen Testament der „Gott des Friedens" genannt. Jesus lehnte die Anwendung von Gewalt oder die Beteiligung daran ab und nahm, als er als Verbrecher am Kreuz hingerichtet wurde, lieber das eigene Leiden hin, als daß er es anderen zugefügt hätte.

Die Aussagen der Bergpredigt, die er seinen Jüngern als Orientierung gegeben hatte, hatten eine nachhaltige Wirkung auf die frühe Kirche der ersten Jahrhunderte. Von den Christen der frühen Zeit ist keinerlei Beteiligung an gewaltsamen Handlungen überliefert; sie waren dagegen oft das Opfer von Gewalt, sie waren Verfolgung, Gefängnis, Folter und Tod ausgesetzt. Die Preisung der „Friedensmacher" als Kinder Gottes durch Jesus prägte deutlich das Bewußtsein der Christen in den ersten Jahrhunderten der Kirche. Nicht nur der Beruf des Gladiators, des Astrologen oder der Prostituierten zählte damals zu den für Christen verbotenen Berufen, sondern ebenfalls der Beruf des Soldaten. Wer Christ ist, durfte nicht mehr Soldat werden – dies betonen eine Reihe von Kirchenvätern der damaligen Zeit. Das christliche Tötungsverbot spielte eine entscheidende Rolle bei der Verweigerung des Kriegsdienstes.

Der Wandel trat ein, als sich die Machtverhältnisse im römischen Imperium änderten, als aus Diskriminierung und Verfolgung der Christen ihre Duldung und schließlich sogar ihre besondere Förderung wurde. Die erste große abendländische Synode der neuen Zeit, der konstantinischen Ära, die in Anwesenheit von Kaiser Konstantin 314 in Arles tagte, machte das Umschwenken der Kirche deutlich. Die Synode dekretierte zwar noch – „Mücken seihend und Kamele verschluckend", wie man später feststellte, – in althergebrachter Weise, daß Wagenlenker und Schauspieler, solange sie ihre Beschäftigung nicht aufgäben, nicht Mitglieder der Kirche sein könnten; sie belegte jedoch plötzlich die Verweigerung des Kriegsdienstes mit der höchsten Kirchenstrafe, nämlich der Exkommunikation. Die Kirche sah sich dem Imperium Caesaris verpflichtet. Rund hundert Jahre später schließlich, im Jahr 416 stellte eine Verordnung des Kaisers Theodosius II fest, daß Nichtchristen nicht nur vom höheren Verwaltungsdienst, sondern auch vom Kriegsdienst auszuschließen seien.

Staat und Kirche hatten sich im engen Bündnis miteinander vereint. Die Christen galten als die sicheren Stützen der bestehenden Lebensordnung, und der christliche Glaube sollte zum Garanten für die Einheit des Reiches werden. Die Kirche andererseits delegierte die Verantwortung über Krieg und Frieden an die inzwischen „christlich" gewordene Obrigkeit und suchte einen Ausgleich zwischen der bestehenden Lebensordnung des weltlichen Imperiums und dem unmittelbaren Anspruch der Bibel, indem sie die Lehre vom „gerechten Krieg" aufnahm, von den Zwei Reichen oder von anderen Symbiose-Modellen zwischen geistlichem Anspruch und politischer Wirklichkeit. (Nur im Ausschluß der Priester vom Waffendienst und in einigen kirchlichen Subkulturen sowie später bei den Friedenskirchen blieb die Erinnerung an die ursprüngliche christliche Haltung bewahrt.)

Im frühchristlichen und friedenskirchlichen Modell wird von den Christen die Teilnahme an den Strukturen der Macht und der Gewaltausübung verweigert und eine alternative Gemeinschaft aufgebaut, die unmittelbar von der Orientierung auf die Nachfolge Jesu lebt. Eine solche Gemeinschaft hat die Funktion des Salzes in der Gesellschaft, ihre politische Wirkung ist indirekter Art; sie wirkt nicht unmittelbar durch die gesellschaftlichen Institutionen oder ihre politischen Träger. Das großkirchliche Modell dagegen, das man auch das konstantinische nennen kann, sieht die Christen an den Hebeln der Macht. Es ist nicht das Modell der Verweigerung, sondern das der Teilnahme. Es wird dabei der Versuch gemacht, die Macht zu zähmen, damit sie in verantwortbarer Weise dem Willen Gottes gerecht wird. Auch innerhalb dieses Modelles werden zwar Grenzen für die Mitarbeit an der Macht gezogen, jenseits derer dem Christen der Widerstand geboten ist. Doch in der Praxis ist es weithin zur bloßen Anerkennung bestehender Machtverhältnisse und zu einer nachträglichen Rechtfertigung von Gewaltausübung geworden.

Die bestehenden Herrschaftsverhältnisse und die exekutierende Gewalt, als Sonderbereich mit eigenen Gesetzen gegenüber dem unmittelbaren Herrschaftsbereich Gottes anerkannt, entwickelten ihre Eigengesetzlichkeiten. Im 19. Jahrhundert wurde statt vom Reich Gottes nur noch vom Reich gesprochen, anstatt von Kirchen und Christenheit sprach man von Volk und Nation, statt für die Ehre Gottes meinte man, für die Ehre der Nation kämpfen zu müssen, aus dem Heiligen wurde das Heilige Vaterland, und anstelle Gottes, des Vaters Jesu Christi, sprach man von dem Gott, der Eisen wachsen läßt. Die Aussagen christlichen Glaubens wurden voll absorbiert von säkularen Begriffen weltlicher Herrschaftsausübung. So endete das konstantinische Modell.

Zwei Geschehen bilden den Schlußpunkt, der den Beginn des neuen Abschnittes dringend gemacht hat: Auschwitz und Hiroshima. Das eine Ausdruck eines menschverachtenden und brutalen Nationalismus, der sich auch zeitweilig noch eine christliche Verbrämung umhängte, das andere Ausdruck einer menschenverachtenden und massenvernichtenden Waffentechnik, die ebenfalls dem Namen „christlich" verbunden war. (Manche Japaner nennen noch heute die Atombombe die „christliche Bombe", weil sie von Christen entwickelt, von Christen gutgeheißen und von Christen eingesetzt wurde.) Das eine verdeutlicht, daß wir als Christen unsere politische Verantwortung nicht einfach zur Obrigkeit hin delegieren können, sondern daß die Gewissensentscheidung des einzelnen auch im politischen Raum unmittelbar gefordert ist. Das andere macht deutlich, daß die Theorien des „gerechten Krieges" in sich selbst zerbrochen sind und daß kein Bereich mehr, auch nicht der von Waffenentwicklung und Krieg, von Christen als eigenständiger Sonderbereich neben oder außerhalb der Herrschaft Gottes anerkannt werden kann.

1948 auf der ersten Vollversammlung des Ökumenischen Rates der Kirchen in Amsterdam erklärten daher die versammelten Kirchen zum ersten Mal nach so vielen Jahrhunderten des Schweigens in dieser Sache, daß Krieg nach dem Willen Gottes nicht sein darf. Auch vom Vatikan wurden eindeutige Verdikte gegen den Krieg formuliert. Die Frage der Gewalt, der über lange Zeit nur wenig theologisches Interesse gegolten hatte, wurde – wohl aufgrund der immer bedrohlicheren Entwicklung der Gewalt in unserer Zeit – immer stärker als einer der nachhaltig und an zentralen Stellen der Bibel aufgeführten Begriffe entdeckt. Gewalt – so stellte man fest – wird vielfach in der Bibel geradezu als Synonym für Sünde genannt. Die Theologie entdeckte ebenso neu, daß der Friede, der so lange Zeit überhaupt nicht als besonderer „topos" der theologischen Lehre vorgekommen war, einen zentralen Stellenwert in der biblischen Aussage hat.

Diese neuen Einsichten in die biblischen Aussagen spiegeln ein anderes Bewußtsein heute wieder und wirken zugleich wieder prägend auf das Bewußtsein der Christen. Neue Herausforderungen an die persönliche Haltung und auch an das politische Verhalten leiten sich daraus ab. Die Aussagen Jesu in der Bergpredigt, die zur Gewaltfreiheit auffordern, kommen klarer zur Sprache. Gerade da, wo die Christen nicht nur theoretisch über den Frieden reflektieren, sondern wo der Friede zur Herausforderung zum praktischen Handeln geworden ist, sind die Aussagen der Bergpredigt vernehmbar und wirksam geworden. Über lange Zeit war die Gewaltfreiheit der Bergpredigt, etwa in Form der Kriegsdienstverweigerung, nur die Ausnahme innerhalb der Kirchen, und die Bereitschaft zur Gewalt in Form des Kriegsdienstes war die Regel, das Normale gewesen. Allmählich scheint diese bizarre Situation wieder ins Lot zu kommen, indem die Christen die Bergpredigt und ihre Anleitung zur Gewaltfreiheit als die Grundordnung, als die „christlich normale" Haltung verstehen und sie die Gewaltanwendung als Ausnahme sehen, über deren Berechtigung möglicherweise Pazifisten und Nicht-Pazifisten noch miteinander diskutieren können.

Das knappe halbe Jahrhundert seit Auschwitz und Hiroshima hat noch keine grundlegende Veränderung gebracht. Die Massenvernichtung – aufgrund von Ungerechtigkeit und Verelendung – hat zugenommen, das Potential der angehäuften Vernichtungskraft ist gewachsen. Dies alles trotz der allgemeinen kirchlichen Verlautbarungen zum Frieden und trotz der veränderten Haltung bei vielen Christen. Wir leben in einer Übergangszeit, einer lebensgefährlichen, einer für die ganze Menschheit überlebensgefährlichen.

Wenn wir in der Entwicklung der eskalierenden Gewalt keine Wende herbeiführen, so droht die Menschheitsgeschichte zu ihrem Ende zu kommen. Wenn die Kirchen nicht in der Friedensfrage, in der es um Leben und Tod der ganzen Menschheit geht, ihre ihnen übertragene Verantwortung wahrnehmen, so droht ihnen, zu jenem Salz zu werden, das geschmacklos geworden und nur noch wert ist, zertreten zu werden.

- Die vergangenen vierzig Jahr machen deutlich, daß es nicht hinreichend ist, sich nur allgemein für den Frieden auszusprechen. Unsere Aussagen müssen konkret sein. Sie müssen die Situation analysieren, in der wir leben, und sich auf konkrete Vorhaben beziehen. Die „Theologie der Befreiung" kann uns manches dabei lehren.
- Unsere Haltung und auch unsere Aussagen müssen konsequent sein. Wir müssen zu dem stehen, was wir sagen, und dürfen uns

nicht einfach jeder Gegebenheit anpassen und jeder neuen Gegebenheit erneut anpassen. Uns wird Glaubwürdigkeit abverlangt, und dabei geht es auch um das, was die Bibel die „Scheidung der Geister" nennt. Dabei können wir von der Haltung der frühen Kirche und ihrer Christen lernen, denen es um den Weg der Nachfolge Jesu ging.

– Wir müssen mit unserem Sprechen und Handeln eine politische Wirksamkeit erreichen. Denn es geht um die Abkehr von dem derzeit vorgezeichneten Weg, der zur Vernichtung führt und wir haben nicht mehr viel Zeit. Viele, die heute an den Machthebeln sitzen, sind Christen, und ihr Verhalten hebt sich in keiner Weise positiv von dem der Nicht-Christen ab. Wenn wir die Politik ändern wollen, so können wir aus den Fehlern und auch aus manchen positiven Ansätzen der konstantinischen Ära lernen.

– Wir müssen das, was wir von anderen fordern, auch in unserem Lebensbereich modellhaft verwirklichen. Wir müssen alternative Lebensformen aufbauen und heute antizipatorisch schon so leben, wie es morgen möglicherweise von allen erforderlich sein wird. Wir müssen die Gesellschaft und zugleich auch uns verändern. Auch hier lehrt uns die frühe Kirche vieles.

Neue Verhaltensweisen, eine neue Verhältnisbestimmung zwischen unmittelbarer biblischer Herausforderung und politischem Kontext, und neue Signale zwischen bestehenden Gegebenheiten und vorweg gelebter Utopie sind nötig. Vermutlich ist es der einzelne und sind es die kleinen Gruppen, die die ersten Schritte machen müssen. Sie können, als Nachfolge-Gruppen, am ehesten Beweglichkeit zeigen, den Weg in die Zukunft vorangehen und dabei die Mehrheiten zum Mitgehen bewegen.

Als eine solche Gruppe versteht sich der Internationale Versöhnungsbund. Der Anstoß zur Gründung des Internationalen Versöhnungsbundes ging 1914 unter dem drohenden Ausbruch des I. Weltkrieges, von einer Tagung des „Weltbundes für Freundschaftsarbeit der Kirchen" in Konstanz aus. F. Sigmund-Schulze und der englische Quäker H. Hodgkin versprachen sich, in ihren Ländern gegen den wachsenden Haß, die zunehmende Militarisierung sowie die Bereitschaft zum Kriegführen einzutreten. Auf der Konferenz im niederländischen Bilthoven wurde 1919 der Versöhnungsbund als internationaler Verband gegründet. Grundlage für den Zusammenschluß war die gemeinsame „Überzeugung, daß die Nachfolge Jesu Christi uns in den Dienst sozialer Gerechtigkeit und des Friedens unter den Völkern stellt und zur Überwindung des Krieges aufruft", war die Ablehnung jeder Form der Gewalt, der unmittelbar ausgeübten und der strukturell wirksamen, sowie die Orientierung am Prinzip der Gewaltfreiheit im persönlichen wie auch im gesellschaftlichen Bereich.

Der Wunsch, in der Nachfolge Jesu zu leben und den Geist der Bergpredigt zu praktizieren, bestimmte die Ausrichtung des Versöhnungsbundes, daneben jedoch auch die Absicht, politisch wirksame Veränderungen der Wirklichkeit zu erreichen und von einer Analyse der Gegebenheiten zu einem Wandel der Gesellschaft zu kommen. Zum besonderen Wesensmerkmal des Versöhnungsbundes gehört, daß er die biblisch-spirituelle mit der politisch-gesellschaftlichen Verantwortung sowohl auf den persönlich-privaten als auch auf den öffentlich-gesellschaftlichen Bereich bezieht und klare Stellungnahmen aufgrund der theoretischen Einsicht sowie gleichzeitig das konsequente Handeln – das „Tun des Wortes", wie es in der Bibel heißt, – sucht.

Der Versöhnungsbund ist ein internationaler Verband, derzeit in 31 Ländern tätig, und versteht sich als ökumenischer Zusammenschluß, der für die Überwindung der nationalen, konfessionellen, rassischen oder weltanschaulichen Abgrenzungen arbeitet. Zahlreiche seiner Mitglieder wurden im II. Weltkrieg wegen Kriegsdienstverweigerung inhaftiert, in Deutschland H. Stöhr und M. J. Metzger hingerichtet. Der Versöhnungsbund nahm in Indien mit Gandhi aktiv am Kampf um die nationale Befreiung teil, sein Mitglied A. Luthuli war in Südafrika einer der Gründer und der erste Präsident des Afrikanischen Nationalkongresses; mit seinem Vizepräsidenten M. Luther King war er wirksam im Kampf der US-Bürgerrechtsbewegung beteiligt, und über „Servicio Paz y Justicia" arbeitet er in Südamerika in der Koordinierung der gewaltfreien Aktionen zum Abbau ungerechter Gesellschaftsverhältnisse. Wichtige Funktionen hatte der Internationale Versöhnungsbund in der Protestbewegung gegen den Vietnamkrieg, bei der Gründung der Ostermärsche 1958, in der Anti-Atomtod-Kampagne und bei zahlreichen Aktionen gegen das Wettrüsten in West und Ost. Oft waren es die Initiativen einzelner Mitglieder – zu ihnen zählen fünf Nobelpreisträger –, die der Arbeit ihre besondere Prägung gaben.

Durch Reisesekretäre und aktive Mitglieder wurden nach der Gründung 1919 in vielen Ländern örtliche Gruppen gebildet, und diese schlossen sich zu Regionalverbänden und nationalen Zweigen zusammen. Ein gemeinsames Büro, das die nationalen Zweige miteinander verbindet, besteht heute in Alkmaar in den Niederlanden. Rund 100.000 Mitglieder gehören gegenwärtig dem Internationalen Versöhnungsbund an, und in den vergangenen Jahrzehnten haben sich der vorwiegend von Christen getragenen Arbeit auch jüdische, buddhistische und hinduistische Gruppen angeschlossen. Alle drei Jahre findet eine internationale Delegiertenkonferenz statt, die über die gemeinsame Orientierung beschließt.

In der Ablehnung jedweder Theorie eines „gerechten Krieges" und in Verwerfung der Gewalt als eines Mittels zur Austragung von Konflikten unterstützt der Versöhnungsbund in der Bundesrepublik besonders das Recht der Kriegsdienstverweigerer, ist durch seine Mitglieder aktiv in den herkömmlichen antimilitaristischen und ökologischen Initiativen (Demonstrationen und Großveranstaltungen) sowie in Aktionen Zivilen Ungehorsams (Blockade- und Verweigerungsaktionen) tätig. Er vertritt als Verband die Soziale Verteidigung als alternatives Sicherheitskonzept. Er arbeitet über Veröffentlichungen, Durchführung von Seminaren sowie Veranstaltungen vor Ort. Aus seiner Arbeit sind zahlreiche regionale Initiativen, wie Schweigestunden oder Fastenaktionen, entstanden; von seinen Mitgliedern wurden Einrichtungen für Begegnungsarbeit und Training zu gewaltfreiem Handeln ins Leben gerufen, und Freiwillige des Versöhnungsbundes aus unserem Land sind in verschiedenen Friedensarbeiten anderer Länder mittätig.

Die vorliegende Veröffentlichung dient der Rückbesinnung auf das Zeugnis der Väter. Wie haben die Christen der früheren Kirche den Kriegsdienst und die Bereitschaft zur Gewaltanwendung beurteilt? Die Aussagen der ersten Kirchenväter, die die Erinnerung an die Botschaft Christi mit größerer zeitlicher Nähe zu ihm verbanden, sind erstaunlich klar, und diese Aussagen sind in unseren Großkirchen über lange Zeit hin vergessen worden. Der Versöhnungsbund will nicht nur auf das politische Geschehen, sondern insbesondere auch auf die Haltung der Kirchen und der einzelnen Christen einwirken. Dazu soll diese Broschüre Hilfe leisten. Das Verhalten der Väter innerhalb des Versöhnungsbundes ist für viele von uns oft der Anlaß zur Ermutigung gewesen. Das Zeugnis unserer Väter in den frühen Tagen der Kirche sollte uns alle innerhalb der Kirche und darüber hinaus zu mehr Klarheit, Eindeutigkeit und Konsequenz bewegen; es kann uns ermutigen.

Konrad Lübbert | Versöhnungsbund e.V.

Mein erkenntnisleitendes Interesse

(Vorbemerkung des Bearbeiters)

Eine der großen Fragen, mit denen ich mein Studium der Theologie begann, lautete: Wie kommt es, daß Christen, denen Jesus die völlige Gewaltlosigkeit vorlebte und die Liebe in das Zentrum seiner Botschaft stellte, nicht klarer gegen das immer erschreckendere Wettrüsten Stellung beziehen? Müßte seine Kirche die Haltung Jesu nicht deutlicher herausstellen? Ist, angesichts der heutigen Situation, die Kriegsdienstverweigerung für eine/n Christin/en nicht die notwendige Konsequenz?

Ich entdeckte, daß die frühe Kirche viel entschlossener die gewaltlose Botschaft Jesu zu leben suchte. Aus nunmehr über zweijähriger Beschäftigung mit dem Thema erwuchs diese Quellensammlung, da ich immer wieder feststellte, wie unbekannt und unzureichend das Wissen um die Haltung der frühen Christen zu Krieg und Kriegsdienst war.

Die folgenden Dokumente aus den ersten drei Jahrhunderten des Christentums sind zu bedeutsam, als daß man sie – wie die herrschende (insbesondere katholische) Kirchenhistorie – mit wenigen Sätzen abtun und dann zum „gerechten Krieg" übergehen kann.

(1984)

1. | Die Christen – Friedensbewegung der Antike?

1. | Unbekannt, oft verschwiegen oder zum Ausnahmefall deklariert ist der Pazifismus der frühen Christen:

> NON POSSUM MILITARE, CHRISTIANUS SUM !
> ICH KANN KEIN SOLDAT SEIN, ICH BIN EIN CHRIST !

Diese Haltung kennzeichnet die Zeit bis zur Konstantinischen Wende 313 n.Chr. Die offizielle Haltung der Kirche war die der Gewaltlosigkeit: Für Christen war es verboten, Soldat zu werden und Kriegsdienst zu leisten.

Dies zu erhellen und den Standpunkt der frühen Kirche in Quellentexten darzulegen soll Ziel dieses Heftes sein.

Dazu ermuntern auch die US-amerikanischen Bischöfe, wenn sie zur Haltung der Kirche in den ersten vier Jahrhunderten sagen: „Wenn heute in der katholischen Gemeinde irgendeine Frage von Frieden oder Krieg angesprochen wird, muß die Tradition der Gewaltlosigkeit in die Diskussion eingeschlossen werden."[1]

Dies soll im folgenden geschehen.

2. | Manche wissen vielleicht, daß der Hl. Martin von Tours als Christ den Kriegsdienst verweigerte.

Weniger bekannt sein dürfte allerdings, daß Martins Einstellung kein Einzelfall war.

Außer ihm gab es weitere Kriegsdienstverweigerer, die das Martyrium erlitten, im Gefängnis endeten oder das Glück hatten, einer Strafe entgehen zu können. Die Kirchenväter vertraten bis ins 4. Jahrhundert hinein den Standpunkt: Ein Christ darf kein Soldat werden. Nachsichtiger war man aus pastoralen Gründen mit Soldaten, die zum Christentum übertreten wollten. Ihnen verbot man Menschen zu töten, erlaubte ihnen jedoch, mit Einschränkungen, den Dienst. Kriegsdienst und Christsein standen für die frühe Kirche in

---

[1] PAX CHRISTI (Hg.), Die Herausforderung des Friedens: Gottes Verheißung und unsere Antwort (2. Entwurf der Konferenz der Katholischen Bischöfe der USA zu Krieg und Frieden) (Frankfurt 1982) S. 20.

schroffem Gegensatz. Ab der konstantinischen Wende wandelte sich diese Einstellung und am Endpunkt dieser Entwicklung stand die „Lehre vom gerechten Krieg".

Wenn heute über Krieg und Frieden gesprochen wird, so sollten wir wissen, daß es in der Christenheit eine Traditionslinie gibt, die jede Art von Kriegsdienst und Kriegsvorbereitung klar ablehnt. Daran könnte auch heute angeknüpft werden. Christlich motivierte Friedensgruppen stehen daher nicht im luftleeren Raum, sondern können sich u. a. auf die frühe Kirche berufen. Dabei sollte man sich hüten, die Dinge direkt auf die heutige Situation zu übertragen. Es lassen sich jedoch gerade unter Berücksichtigung des historischen Kontextes, einige Brücken zu heute schlagen. Wenn diese Quellenzusammenstellung Mut macht und die Diskussion über dieses leider so unbekannte Thema anregt, so hat sich die Mühe gelohnt.

3. | Zuerst sollen Märtyrerakten und sonstige Zeugnisse zu einzelnen Kriegsdienstverweigerern, dann die Haltung der Kirchenväter – der damaligen Theologen – dokumentiert werden. Schließlich folgen noch Quellen zur Wandlung der Einstellung nach der Konstantinischen Wende.

Viele Texte waren nur in seltenen, alten Textausgaben in lateinischer Sprache zugänglich. Daher habe ich manches eigens übersetzt.

Ein ausführliches Literaturverzeichnis ist am Ende zu finden. Danken möchte ich besonders Herrn Prof. Dr. Padovese (Rom) für seine Hilfe und den Gedankenaustausch mit ihm. Bei der Übersetzung halfen Winfried Ohlerth und Melanie Schulz mit.

Für Kritik und Anregungen bin ich jederzeit dankbar, es kann nur in der Sache weiterhelfen.

Bonn, im November 1984   Thomas Gerhards

Nachtrag zur fünften Auflage:
Da die letzte Auflage noch vor dem Katholikentag in Aachen fertiggestellt sein sollte, war leider eine Korrektur von Setzfehlern nicht mehr möglich. Dies ist nun nachgeholt worden.

Nachtrag zur sechsten Auflage (1991):
Ich freue mich über das große Interesse an dieser Quellensammlung. Außer einzelnen Setzfehlern und kleineren Korrekturen wurde das Literaturverzeichnis auf den neuesten Stand gebracht.

2. | Motive für die Ablehnung des Kriegsdienstes

In der kirchengeschichtlichen Forschung werden mehrere Motive genannt, die den frühkirchlichen Pazifismus erklären sollen:

a) Geistlicher und weltlicher Kriegsdienst schließen sich gegenseitig aus.

„Ein und dieselbe Seele kann nicht zweien verpflichtet sein, Christo und dem Teufel", schreibt Tertullian dazu.[2] An vielen Stellen, besonders bei Tertullian und Paulinus von Nola, ebenso bei Maximilianus, Marcellus, Ferrutius, Nereus und Achilleus sowie Victrix wird dieses Motiv angeführt. Der weltliche Kriegsdienst (militia oder militia saeculi) wurde immer wieder mit dem geistlichen Kriegsdienst für Christus (militia christi[3]) verglichen. Dabei wurde das militärische Vokabular dazu genutzt, die alternativen, gewaltfreien ‚Waffen' der Christen zu beschreiben. Sie verstanden sich als Soldaten Christi, dem sie allein dienten und für den sie kämpften.

Die Texte der Kirchenväter sind daher voll von Bildern und Begriffen, die dem militärischen Bereich entnommen sind. „Solch militärische Terminologie konnte von den frühen Christen ‚ohne das geringste Risiko eines Mißverständnisses' benutzt werden, da ihre pazifistischen Prinzipien allgemein bekannt waren", schreibt Bainton.[4]

Beispielhaft dafür ist der Epheserbrief, wo im Gegensatz zum römischen Soldaten die gewaltfreien Waffen des Christen geschildert werden:

---

[2] TERTULLIAN: de idolatria 19; vgl. →Kapitel 4.4.

[3] Siehe besonders die Untersuchung von: HARNACK, Adolf von: Militia Christi (Tübingen 1905).

[4] BAINTON, R.: Die frühe Kirche und der Krieg, in: Das frühe Christentum im Römischen Staat, hg. von R. Klein = Wege der Forschung 267 (Darmstadt 1971), S. 187.

Eph 6,13-17:
Darum legt die Rüstung Gottes an, damit ihr am Tag des Unheils standhalten, alles vollbringen und den Kampf bestehen könnt. Seid also standhaft: Gürtet euch mit Wahrheit, zieht als Panzer die Gerechtigkeit an und als Schuhe die Bereitschaft, für das Evangelium vom Frieden zu kämpfen. Vor allem greift zum Schild des Glaubens! Mit ihm könnt ihr alle feurigen Geschosse des Bösen auslöschen. Nehmt den Helm des Heils und das Schwert des Geistes, das ist das Wort Gottes. (*Einheitsübersetzung*)

Im vierten Jahrhundert kam es zu einer Rollenteilung: Die Mönche verstanden sich als ‚geistliche Soldaten Christi', die den ‚Kampf mit dem Bösen' aufnahmen und die Ideale fortführten, wogegen für die Masse der Christen unter bestimmten Bedingungen (‚gerechter Krieg') die Teilnahme am Kriegsdienst erlaubt und das Tötungsverbot für den staatlichen Bereich aufgehoben wurde.

Ein Relikt dieser Rollenteilung ist bis heute die Regelung, daß der Klerus vom Kriegsdienst befreit ist.

b) Die frühe Kirche verstand sich als Erfüllung des jesajanischen Friedensreiches (Jes 2,3f / Micha 4,1-3)

Justin, Irenäus, Tertullian und Origenes betonen dieses Motiv. „… und sie werden umschmieden, heißt es, ihre Schwerter zu Pflügen und ihre Lanzen zu Sicheln und kein Volk wird mehr gegen das andere zum Schwerte greifen, und sie werden das Kriegführen nicht mehr erlernen [* Jes 2,3f *]. Wer wird damit gemeint sein, wenn nicht wir, …", schreibt Tertullian.[5] Gerhard Lohfink[6] stellt dieses Motiv in den Mittelpunkt seiner Betrachtung: „Sie alle [*Justin, Irenäus, Tertullian, Origenes*] sind überzeugt: Jesaja 2 hat sich bereits erfüllt. […] Nicht nur, weil das Wort des Herrn von Jerusalem ausgegangen ist und alle Völker erreicht hat, sondern auch deshalb, weil der von

---

[5] TERTULLIAN: *adversus judaeorum* 3,9; vgl. →Kapitel 4.4.
[6] LOHFINK, Gerhard: *Wie hat Jesus Gemeinde gewollt?* (Freiburg, Basel, Wien ²1983) S. 188ff.

Jesaja prophezeite eschatologische Zustand der Gewaltlosigkeit und des Friedens in der Kirche bereits Wirklichkeit geworden ist."[7]

Die frühe Kirche suchte, in der Umsetzung der Gebote Christi, Bote dieses endzeitlichen Friedens zu sein. Die Nachfolge Christi stand im Mittelpunkt.

c) Ehrfurcht vor dem Leben – Verbot des Blutvergießens

Im Alten wie im Neuen Testament ist das Verbot des Blutvergießens und die Ehrfurcht vor dem Leben (das Blut galt als Sitz des Lebens) als kultisches und sittliches Gebot zu finden (Gen 9, 3-7; Lev 17-18; Apg 15, 28f); wollte ein Nichtjude Christ werden, so waren ihm, nach der Apostelgeschichte, lediglich vier Bedingungen auferlegt: Götzenopferfleisch, Blut, Ersticktes und Unzucht sollten gemieden werden. Später verstand man diese Bedingungen als Sittengesetz: Götzendienst, Blutschuld (d. h. Mord) und Unzucht waren verboten. Justin, Tertullian, Origenes, Arnobius und Lactanz führen dieses Motiv an, um aufzuweisen, daß es Christen unter keinen Umständen erlaubt ist, andere Menschen zu töten. „Es ist allezeit verboten, einen Menschen zu töten, weil Gott gewollt hat, daß der Mensch ein unverletzliches Lebewesen sei."[8]

d) Patientia – die Kraft der Gewaltlosigkeit

Hornus[9] (im übrigen zur Lektüre besonders empfohlen) stellt dar, wie die Kirchenväter, darunter besonders „Tertullian, Origenes und Lactanz, eine Lehre der positiven Gewaltlosigkeit entwickelt"[10] haben, die im Begriff der ‚patientia' kristallisiert. Sowohl Tertullian als

---

[7] A.a.O., S. 198f.

[8] LACTANZ: *divinae institutiones* VI,20, 17; vgl. →Kapitel 4.10.

[9] HORNUS, Jean-Michel: *Politische Entscheidungen in der alten Kirche*: Beiträge zur evangelischen Theologie 35, hg. von E. Wolf (München 1963) S. 180/191; Zitat auf S. 180.

[10] TERTULLIAN: Über die Geduld (*de patientia*), in; BKV (Bibliothek der Kirchenväter) 7 (Kempten/München 1912) S. 34/59; CYPRIAN: Von dem Segen der Geduld (*de bono patientiae*), in: BKV 34 (Kempten/München 1918) S. 285/310.

auch Cyprian liefern mit ihrer gleichlautenden Schrift *de patientia* eine theologische Begründung für die Kraft der Gewaltlosigkeit, die sie als ein aktives Handeln, nicht als passives Hinnehmen darstellen. Beim Lesen beider Schriften wird deutlich, wie klein der Schritt zu einem Gandhi, Martin Luther King oder Oscar Romero ist. Hornus[11] schreibt mit Recht, daß ‚patientia‘, üblicherweise mit Geduld übersetzt, genau das trifft, was heute unter Gewaltlosigkeit verstanden wird.

Diese ‚Kraft der Gewaltlosigkeit‘ oder ‚patientia‘ erfaßte meiner Meinung nach die Botschaft Jesu viel klarer als die aus der antiken Ethik entwickelte ‚Lehre von gerechten Krieg‘.

Der Glaube an die verwandelnde Kraft aktiver ‚Geduld‘ oder ‚Gewaltlosigkeit‘, die am Ende das Böse durch die Liebe überwindet, ist damals wie heute die Botschaft Christi an uns.

Von Seiten derjenigen Kirchenhistoriker, die eine geradlinige Entwicklung von Christus bis heute aufzuweisen suchen, werden die folgenden drei Motive stark betont:

e) Ablehnung des Kriegsdienstes, weil Soldaten den römischen Staatsgöttern oder für den Kaiser opfern mußten. Als das Götzenopfer verschwand, gab es auch kein Hindernis mehr, und die Christen leisteten Kriegsdienst.

Dieses Motiv wird sehr häufig angeführt, daher lohnt eine genaue Auseinandersetzung:

Es gibt Fälle von Dienstverweigerung, die ohne Zweifel ihren Anlaß in diesem Motiv hatten.[12] Dennoch ist diese Begründung nicht hinreichend, denn es gibt andere Fälle von Dienstverweigerung (Maximilianus, Martin von Tours, Victrix u. a.), wo das Götteropfer kein Thema war. Die Kritik der Kirchenväter am Kriegsdienst betraf nicht das Götteropfer an sich, sondern sie stellten den Kriegsdienst grundsätzlich in Frage. Manchmal vermischt sich auch beides: Dies wird besonders deutlich an den *Akten des Marcellus*, von denen mehrere Versionen vorliegen, die auf eine Art Gerichtsproto-

---

[11] HORNUS, S. 79.
[12] So u. a. Julius, Ferreolus.

koll zurückgehen. Das Kernstück des Textes betont die Ablehnung des Kriegsdienstes, die Überarbeitungen bringen stärker die Weigerung zu opfern hinein.[13] Spätere und legendarische Darstellungen von Soldatenmartyrien enthalten lediglich das Motiv der Verweigerung des Opfers.

Umgekehrt gefragt: Wenn es keine Kaiser- und Götteropfer gegeben hätte, hätten die Christen dann Militärdienst geleistet?

Aus den bisher angeführten Motiven und den folgenden Quellentexten dürfte klar werden, daß auch dann die Christen an der Unvereinbarkeit von Kriegsdienst und Christsein festgehalten hätten. Die Verweigerung des Opfers ist ein Motiv, aber nicht hinreichend zur Erklärung des frühchristlichen Pazifismus.

f) Ablehnung des Soldateneides, weil dieser als Weihe (= *sacramentum*) verstanden wird, und die Christen in der Taufe bereits Christus geweiht sind.

Dies bedeute, so z. B. Dölger[14], daß nicht der Kriegsdienst an sich, sondern lediglich der Soldateneid Widerspruch erweckte. Hier wird nach meiner Meinung Ursache und Wirkung verdreht, denn die Argumentation der Kirchenväter geht tiefer: In der Taufe waren die Christen unbedingt auf Christus verpflichtet. Dies trat nun in Konflikt mit der Verpflichtung zum Soldatengehorsam. Das unbedingte Gebot, nicht zu töten, trat in Konflikt mit dem Tötungsauftrag des Soldaten, die Nächstenliebe mit dem Haß auf die Feinde, die Gewaltlosigkeit mit dem Streit der Waffen, die Loyalität Gott gegenüber mit der Loyalität gegenüber dem Vorgesetzten.

Also: Nicht der Soldateneid, sondern der Kriegsdienst an sich war für die frühe Kirche unvereinbar mit dem christlichen Glauben.

---

[13] Siehe: ANALECTA BOLLANDIANA 41 (1923), S. 261/87; vgl. auch HORNUS, S. 135f.
[14] DÖLGER, Franz-Josef: *Sacramentum Militiae*, in: Antike und Christentum 2, Heft 4, hg. von DERS. (Münster 1930), S. 268/280.

g) Lediglich rigoristisch orientierte Christen und Häretiker lehnten Kriegsdienst ab, die große Mehrheit der Christen leistete doch Kriegsdienst:

1. | Bis zum Ende des 2. Jahrhunderts gibt es keinerlei Anhaltspunkte über die Anwesenheit von Christen im Heer.[15] Seitdem gibt es vermehrt Hinweise über Christen, die Kriegsdienst leisten bei gleichzeitig ablehnender Haltung der Kirchenlehrer. „Doch leider ist dies nicht der einzige Fall, in dem es zu einer schmerzlichen Spannung kommt zwischen der verkündigten absoluten Forderung und einer dem Gebot widersprechenden Handlungsweise, die aus der Schwäche der Christen und ihrem Mangel an Glauben herrührt. Solche Bloßstellungen sind Zeichen der Sünde der Kirche, und es wäre verhängnisvoll, wollte man daraus den Schluß ziehen, weil einige der empfangenen Lehre ungehorsam waren, müsse der Ungehorsam zur Norm des Verhaltens geworden sein."[16] Wir finden praktisch keine Texte, die Kriegsdienst gutheißen, dagegen aber eindeutig Quellen, die die Teilnahme am Krieg / Töten verbieten. Trotz einer pazifistischen Grundhaltung gab es den pastoralen Konflikt, daß in der Praxis Soldaten zum Christentum übertraten und in ihrem Stand blieben. Dies ist aber immer in einer Richtung: Soldaten werden Christen. Nie aber finden wir den umgekehrten Fall, wo Christen in den Militärdienst eintreten. Es gibt zwar Soldaten, die Christen, aber keine Christen, die Soldaten werden!

2. | Einige Kirchenväter sind später als Irrlehrer verurteilt worden. Kriegsdienst wurde jedoch nicht nur von ihnen abgelehnt. Cyprian, Klemens, Hippolyt und Damasus können wir schwerlich als Rigoristen bezeichnen; dennoch vertreten sie die gleiche Position wie radikaler denkende Kirchenväter, wie z. B. Tertullian, Origenes und Lactanz. Nichtsdestotrotz geben diese Kirchenväter, ob rigoros oder gemäßigt, rechtgläubig oder abgeirrt, die Haltung der entsprechenden Gruppen der frühen Kirche wieder. Daran ist nicht zu rütteln.

---

[15] BAINTON, S. 189.
[16] HORNUS, S. 15.

Die Fülle des Materials belegt auch, daß nicht *einzelne* Kirchenväter zu „falschen" Ansichten gelangten, sondern daß bei *allen* die Unvereinbarkeit von Kriegsdienst und Christsein zugrunde lag. Erst im 4. Jahrhundert setzte eine Umorientierung ein, die, wie Paulinus, Martin von Tours, Victrix und Basilius belegen, keineswegs von allen getragen wurde.

Konsequenzen

Wenn sich die Kirchenhistoriker auch über die Motive uneinig sind, so besteht Klarheit darüber, daß in der frühen Kirche Kriegsdienst, Töten und gewaltsames Vorgehen gegen Mitmenschen als nicht mit dem Christsein vereinbar galt. Will man diese Tatsache jedoch im Hinblick auf die heutige Zeit beurteilen, so trennen sich die Wege wieder. Ich möchte einige Positionen anführen; eine umfassende Darstellung und Diskussion ist aber an dieser Stelle nicht möglich. Hier wäre auch der Ansatzpunkt zu weiteren Überlegungen, welche Bedeutung die pazifistische Haltung der frühen Kirche für uns heute hat.

Zur Rechtfertigung des ‚status quo' wird angeführt:

Position 1:

„Die frühe Christenheit mußte ihren Ort in der Gesellschaft des römischen Reiches erst finden." (10) *Die primitive Kirche war noch in den Kinderschuhen, Pazifismus und Kriegsdienstverweigerung konnte sich eine Kirche leisten, die noch keine Verantwortung für das Staatswesen hatte und später einsah, daß auch Christen ihren Beitrag zur Sicherheit leisten mußten.*

Am Ende dieser Überlegungen steht die ‚Lehre vom gerechten Krieg'. (*so u. a. Deutsche Bischöfe, Gerechtigkeit schafft Frieden* [1983]).

Position 2:

Die Situation ist heute eine ganz andere als im Römischen Reich. Die Frage lautet daher anders: Es geht nicht um Kriegsdienst, sondern um die Verhin-

derung von Kriegen. Gerade die Soldaten und die Waffen eines Landes sichern den Frieden und verhindern, daß es zum Krieg kommt. Wahren Friedensdienst leisten daher heute Soldaten.

Dagegen möchte ich drei mögliche Anknüpfungspunkte aufzeigen, die – unter Berücksichtigung des historischen Kontextes – auch heute einen christlich motivierten Pazifismus und die Verweigerung des Kriegsdienstes nicht nur für begründbar, sondern auch geboten erscheinen lassen. Zur kritischen Auseinandersetzung fordere ich hiermit auf!

Position 1:

Die Ablehnung des Krieges und des Kriegsdienstes der frühen Christen lag eng mit deren eschatologischer Erwartung zusammen: Die Hoffnung auf das baldige Anbrechen des Gottesreiches prägte ihr Handeln, ließ sie nicht resignieren. Ohne diese Hoffnung wären weder die Märtyrer noch die Position der Kirchenväter zum Krieg / Kriegsdienst einsichtig. Die frühe Kirche war durchdrungen von der Nachfolge Christi und der Hoffnung auf dessen baldige Wiederkunft. Man nahm Leid und Verfolgung ‚um des Himmelreiches willen' in Kauf. Mit der Abnahme der Hoffnung auf die kommende Endzeit nahm auch die Bereitschaft zu, sich in und mit der Welt zu arrangieren. Pazifismus und eschatologische Hoffnung auf das Kommen des Reiches Gottes hängen eng zusammen.[17]

Suchen wir heute unsere Sicherheit unbedingt im ‚Hier und Jetzt', so muß auch das Streben nach einem perfekten Sicherheits- und Abschreckungssystem im ‚Hier und Jetzt' erfolgen. Die atomare Abschreckung ist die Folge. Die Abwägung realpolitischer Gründe gäbe den Ausschlag bei der Entscheidung. Das Hirtenwort ‚Gerechtigkeit schafft Frieden'[18] ist ein treffendes Beispiel, wie nach Nennung aller Ziele auf das Gottesreich hin (die ‚Ja') die realpolitischen Gründe den Ausschlag geben (die ‚Aber').

---

[17] Vgl. dazu die Arbeiten von H. Merklein, der die Ethik Jesu, als von der Gottesherrschaft bestimmt, herausstellt: Helmut MERKLEIN, *Die Gottesherrschaft als Handlungsprinzip*: Forschungen zur Bibel, Bd. 34, hg. von R. Schnackenburg, J. Schreiner (Würzburg ²1981); DERS., Jesu Botschaft von der Gottesherrschaft: Stuttgarter Bibelstudien (SBS) 111 (Stuttgart 1983).
[18] DEUTSCHE BISCHOFSKONFERENZ, Gerechtigkeit schafft Frieden (Bonn 1983).

Gewaltlosigkeit und gewaltloser Widerstand verhilft nicht zu mehr Sicherheit im Jetzt, aber er ist geprägt von der Hoffnung auf eine Zeit, wo ‚Schwerter zu Pflugscharen und Lanzen zu Sicheln umgeschmiedet werden' (Jes 2, 3 f).

Verlieren wir Christen diese Hoffnung, so hat unser Glaube aufgehört zu wirken. Eine „Option für die Kriegsdienstverweigerung" wäre ein Zeichen für diese Hoffnung, gerade angesichts der Realität gegenwärtiger Tötungskapazitäten, und würde exakt der theologischen Position der Kirchenväter in den ersten Jahrhunderten zu diesem Gegenstand entsprechen.

Position 2:

Kam es in den ersten Jahrhunderten zu einer Konfrontation mit dem römischen Staat, so verweigerten die Christen solche Dienste, die in Widerspruch zu Lehre und Glaube standen (passiver Widerstand), Man weigerte sich, dem Kaiser zu opfern. Dafür nahm man Sanktionen verschiedener Art bis hin zum Martyrium ‚um des Himmelreiches willen' in Kauf. Immer da, wo der Kaiser an die Stelle Gottes trat, dort, wo der Kaiser (d. h. der Staat) etwas forderte, was in eklatantem Widerspruch zum Liebesgebot gegenüber Gott und den Menschen stand, dort leisteten die Christen Widerstand. An der Stelle des Kaisers steht heute der Glaube an die perfekte Sicherheit, die das System der Abschreckung zu leisten vorgibt, der Glaube an die Allmacht des Menschen, ‚Kraft seiner Vernunft' alles und jedes steuern zu können.

Wo dieser Glaube – wie beim Abschreckungsdenken – unbedingt gefordert wird, dort sollten sich Christen verweigern und den Gesetzen (d. h. dem Opfergebot) nicht gehorchen. Als Konsequenz folgt die Bereitschaft zu passivem Widerstand gegen solche Vorschriften, die den Glauben an das System der Abschreckung nicht nur stützen, sondern erst ermöglichen. Dazu gehört u. a. auch die Wehrpflicht.

Position 3:

Jesus pries die ‚pacifici', die ‚Friedensstifter' und diejenigen, ‚die keine Gewalt anwenden' (Mt 5, 5.9) selig.

Die Kirchenväter führten dies fort, indem sie die ‚patientia', die Kraft der Gewaltlosigkeit, das geduldige Lieben den Christen anrieten. Auch heute wäre die Besinnung auf eine solche Grundhaltung für uns Christen keine Abkehr vom Glauben, sondern eine Hinwendung zu den Wurzeln des Evangeliums (vgl. auch Motiv *d*).

3. | Kriegsdienstverweigerer

3.1 | Der Hl. Maximilianus
Eine Musterung im Jahre 295 n. Chr.

Maximilian lebte etwa von 275-295 n. Chr. Im Alter von 20 Jahren starb er den Märtyrertod in Tebessa in Nordafrika. Der vorliegende Text ist sehr wahrscheinlich unter Benutzung des amtlichen Protokolls geschrieben worden; einiges hat der Schreiber sicher hinzugefügt.[19] Diese Akten gehören zu den ganz wenigen Märtyrerakten, die den Anspruch auf Authentizität besitzen. Daher zählen sie zu den wertvollsten Quellen der frühen Kirche überhaupt.

Der Bericht erinnert sehr stark an die Praxis des Prüfungsverfah-

---

[19] Zum Aufbau des römischen Prozesses: MOMMSEN, Theodor: *Römisches Strafrecht* (Leipzig 1899): Zur Zeit Diokletians wurden Strafprozesse von den untersten Statthaltern, den Provinzialstatthaltern, durchgeführt. Diese besaßen das Recht, die Todesstrafe zu verhängen (*ius gladii*). Soldaten wurden üblicherweise mit dem Schwert enthauptet, Zivilisten mit dem Beil getötet oder durch Kreuzigung. Der Aufbau des Prozesses war stets gleich: Nach der Anklage, die vorgetragen wurde, folgte die ‚Inscriptio': Datum, Ort, Name des Angeklagten, evtl. die behauptete Straftat und der Leiter der Gerichtsversammlung wurden genannt. Dies geschah meistens auf öffentlichen Plätzen. Manchmal mußte ein Bürge den Namen des Angeklagten bezeugen. Nach der Feststellung des Namens folgte das Verhör, das vom Statthalter geführt wurde, der Verlauf war im einzelnen frei. Folter und Verstümmelung waren verboten, lediglich Sklaven durften gefoltert werden. Gibt der Angeklagte – wie hier – seine Straftat zu, so verkürzt sich das Verfahren. Schließlich wird das Urteil, das schriftlich niedergelegt und mündlich verlesen werden muß, verkündet. Von solchen Gerichtsverfahren wurden Protokolle angefertigt, die erst in Wachs mitstenographiert und einige Tage später auf Papyrus in Reinschrift verfaßt wurden. Die Protokolle wurden öffentlich ausgelegt bzw. waren archiviert und konnten auch später eingesehen werden. Soweit Mommsen. – Erstaunlicherweise wird in der Sekundärliteratur, wenn es um die Authentizität eines Textes geht, keine Rücksicht auf solche juristischen Hintergründe genommen, die uns gute Hinweise geben, wie Märtyrerakten zu bewerten sind. Die *Akten des Maximilianus* entsprechen dem angegebenen Schema völlig. Lediglich die letzten Sätze sind später ergänzt worden. Die Meinung, daß die Akten des Maximilianus echte Prozeßakten sind, vertritt auch DELEHAYE: *Les Passions des Martyrs ...* S. 104/110.

rens für Kriegsdienstverweigerer heute. Manche Fragen kommen einem so bekannt vor …

Maximilian ist der Sohn eines römischen Veteranen und ist daher zum militärischen Dienst verpflichtet. Da er Christ ist, hat er sich geweigert, dem nachzukommen. Maximilian ist zur Musterung geladen, sein Vater Viktor ist mit dabei. Die Personalien werden festgestellt, er wird gemessen usw. Öffentlich weigert sich Maximilian, Soldat zu werden; er verweigert den Kriegsdienst und wird daher mit dem Tode bestraft.

Sein Namenstag ist der 12. März.[20]

Märtyrerakten des Hl. Maximilian
aus dem Codex Montis S. Michaelis

Als Tuscus und Anulinus Konsuln waren, wurde am 12. März Fabius Viktor zusammen mit Maximilian auf den Marktplatz von Tebessa geführt. Der hinzugezogene Rechtsbeistand Pompeianus begann folgendermaßen:

„Fabius Viktor ist Temonarius [* Eintreiber der Rekrutengelder, d. h. röm. Soldat *], aufgestellt von Valesian Quintian, dem kaiserlichen Offizier. Ich beantrage, daß Maximilian, Sohn des Viktor als guter Rekrut, da er tauglich ist, gemessen werde."

Dion, der Prokonsul, sprach: „Wie wirst du genannt?"

Maximilian antwortet: „Weshalb willst du meinen Namen wissen? Mir ist es nicht erlaubt, Kriegsdienst zu leisten, weil ich Christ bin."

Aber Dion sagt: „Stellt ihn ans Maß!"

Und als dies geschah, wiederholt Maximilian: „Ich kann keinen Kriegsdienst leisten, ich kann nichts Übles tun, ich bin Christ."

Da befiehlt Dion: „Er soll gemessen werden!" Und als er gemessen war, sagt der Diensthabende: „Er ist fünf Fuß und zehn Unzen groß."

Dion beauftragt den Offizier: „Er soll mit dem Kennzeichen versehen werden!" [* Dies ist ein bleiernes Halsband, das die angeworbenen Soldaten tragen mußten. *]

---

[20] Zu Maximilianus siehe: HORNUS, S. 131/134; DELEHAYE, S. 104/110; es ist einfach rätselhaft, wie so anerkannt wertvolle Dokumente, wie die Akten des Maximilianus, in deutscher Übersetzung noch nicht zugänglich waren.

Und Maximilian wehrt sich und antwortet: „Ich mache es nicht, denn ich kann keinen Kriegsdienst leisten."

Dion erwidert: „Sei Soldat, damit du nicht zugrunde gehst!"

Maximilian: „Ich leiste keinen Kriegsdienst. Schlag mir den Kopf ab, ich bin kein Soldat der Welt, sondern ich bin ein Soldat meines Gottes."

Dion sagt: „Wer hat dich davon überzeugt?"

Maximilian antwortet: „Mein Gewissen und der, der mich gerufen hat."

Dion wendet sich an dessen Vater Viktor: „Berate deinen Sohn!"

Viktor entgegnet: „Er weiß selbst, was er tut. Er hat seine eigene Überzeugung, was für ihn förderlich ist."

Dion zu Maximilian: „Sei Soldat und nehme das Kennzeichen an!" Der erwidert: „Ich nehme das Zeichen nicht an. Ich habe nämlich das Zeichen Christi, meines Gottes."

Dion: „Sofort schicke ich dich zu deinem Christus!"

Maximilian: „Ich wollte, daß du es tätest! Und dies ist mein Lob."

Dion befahl dem Offizier: „Er soll bezeichnet werden!" Maximilian sträubt sich und sagt: „Ich nehme das Zeichen der Welt nicht an, und wenn du mir das Zeichen dennoch anlegst, so werde ich es zerbrechen, denn es gilt nicht. Ich bin Christ! Es ist mir nicht erlaubt, das Blei am Hals zu tragen, wo ich das Zeichen meines Herrn Jesus Christus ehre, des Sohnes des lebendigen Gottes, welchen du nicht kennst, der gestorben ist für unser Heil, den Gott dahingegeben hat für unsere Sünden. Diesem dienen alle Christen, ihm folgen wir, dem Urheber des Lebens, dem Begründer des Heils."

Dion darauf: „Sei Soldat und nehme das Zeichen, damit du nicht elend stirbst!"

Maximilian antwortete: „Ich gehe nicht zugrunde. Schon ist meine Seele bei meinem Herrn. Ich kann keinen Kriegsdienst leisten!"

Dion: „Bedenke deine Jugend und werde Soldat! Dies nämlich geziemt sich für den Jüngling!"

Maximilian: „Mein Dienst ist bei meinem Herrn. Ich kann in der Welt nicht Soldat sein. Ich sagte ja schon, ich bin Christ!"

Da sagt Dion: „Im heiligen Gefolge unserer Herrn Diokletian

und Maximianus sind tapfere und bedeutende Soldaten Christen, und sie leisten Kriegsdienst!"[21]

Maximilian darauf: „Sie wissen selbst, was ihnen förderlich ist. Ich bin dennoch Christ und kann nichts Schlechtes tun!"

Dion: „Die Kriegsdienst leisten, was machen die Böses?"

Maximilian: „Du weißt doch, was sie tun!"

Dion: „Sei Soldat, verachte den Kriegsdienst nicht, du fängst an, übel zugrunde zu gehen."

Maximilian antwortet: „Ich gehe nicht zugrunde. Wenn ich aber aus der Welt gegangen bin, lebt meine Seele zusammen mit Christus, meinem Herrn."

Dion befahl: „Schlagt ihn nieder!"

Und als er niedergehauen war, sprach Dion: „Weil du dich mit unehrerbietigem Geist dem Kriegsdienst widersetzt hast, ist es angemessen, daß du als Exempel für die anderen verurteilt wirst." Und er verlas das Urteil aus der Tafel: „Weil Maximilian unehrerbietigen Geistes den Fahneneid des Soldaten zurückwies [* den Kriegsdienst verweigerte *], ist es angemessen, daß er mit dem Schwert hingerichtet werde."

Maximilian sprach: „Gelobt sei Gott!"

Er war einundzwanzig Jahre, drei Monate und achtzehn Tage alt. Als er zu dem Richtplatz geführt wurde, da sprach er so: „Geliebte Brüder: Wie groß auch immer eure Kraft sein mag, eilt mit sehnlichstem Verlangen, daß euch der Anblick des Herrn zuteil wird. Verhaltet euch so, daß euch die höchste Belohnung [* Märtyrerkrone *] zukommen wird." Und mit froher Miene sagte er noch zu seinem Vater: „Gib diesem Scharfrichter das neue Gewand, welches du mir zum Militärdienst vorbereitet hast. So unterstütze ich dich mit hundertfacher Zahl und ähnlich werden wir mit dem Herrn gerühmt."

Und so ist er bald darauf verschieden. Später hat die ehrwürdige Frau Pompeiana seinen Körper mit richterlicher Genehmigung ausgegraben und in ihre vorbereitete Ruhestätte nahe Karthago überführt und unter einem Hügel neben dem Märtyrer Cyprian

---

[21] Andere Übersetzungsmöglichkeit: ‚Im heiligen Gefolge unserer Herrn Diokletian und Maximus, Constantius und Maximian sind Soldaten Christen und sie leisten Kriegsdienst.'

[* Bischof von Karthago *] beigesetzt. Und nach dreizehn Tagen ist dieselbe Frau auch verschieden und dort begraben worden.

Sein Vater Viktor kehrte mit großer Freude in sein Haus zurück, dankte Gott, weil er dem Herrn solche Gnade vorausschickte und folgte diesem bald nach.

Dank sei Gott. Amen.[22]

3.2 | Der Hl. Marcellus

Im Jahr 298 n. Chr. fand in Tanger ein Prozeß gegen den Centurio Marcellus statt. Er hatte den Kriegsdienst verweigert. Von den verschiedenen Textfassungen habe ich die wohl älteste ausgewählt; sie beruht am ehesten auf den Prozeßakten.

Wir finden hier beide Motive: einmal die Ablehnung, dem Kaiser und Götzen zu opfern, und zum anderen das Motiv ‚Niemand kann zwei Herren dienen', d. h. Kriegsdienst und Christentum werden als nicht vereinbar angesehen.

Sein Namenstag ist der 30. Oktober.[23]

Akten des Hl. Marcellus

(Spätere Codices stellen eine Beschreibung der Ereignisse zuvor voran: Zum Geburtstag des Kaisers waren Festmähler und Opfer für den Kaiser veranstaltet worden. Dies nimmt Marcellus zum Anlaß, den Kriegsdienst zu verweigern. Möglich ist auch, daß dieser Vorspann beigefügt wurde, um die zu späterer Zeit unerklärliche Kriegsdienstverweigerung eines Christen zu erklären.)

Zu dem hineingeführten Centurio Marcellus sagte der Statthalter Anastasius Fortunatus: „Was ist in dich gefahren, daß du entgegen der Gehorsamspflicht des Soldatenstandes die Waffen nie-

---

[22] Eigene Übersetzung nach RUINART, Theodorici: *Acta Martyrum* (Ratisbonae 1859), S. 339/342, auch abgedruckt in: HARNACK, S. 114/117 sowie KNOPF/KRÜGER, S. 86f; MUSURILLO, S. 244/249; RÜTTEN, S. 29/32; dt. Übersetzung auch RUINART: *Echte und ausgewählte Acten der ersten Martirer*, Bd. IV, S. 175/183.

[23] Zu Marcellus siehe: HORNUS, S. 135f; HARNACK, S. 84f; CADOUX, Cecil John: *The Early Christian Attitude to War* (New York 1975), S. 152.

derlegst und Degengurt und Centurionenstab fortgeworfen hast?"

Marcellus antwortete: „Schon am 12. August habe ich vor den Feldzeichen dieser Legion, als ihr das Fest eures Kaisers feiertet, in aller Öffentlichkeit mit lauter Stimmer erklärt, daß ich Christ bin und keinen Kriegsdienst leisten kann (oder: meinen Diensteid nicht halten kann), sondern nur Jesus gehorche."

Der Statthalter Anastasius Fortunatus sagte: „Die Unbesonnenheit kann ich nicht übergehen, und daher übergebe ich diese Sache dem Vorgesetzten Aurelius Agricolanus, dem Stellvertreter des Provinzstatthalters. Caecilius soll dich von Amts wegen begleiten."

Am 3. November wurde in Tanger Marcellus, ein Centurio des Anastasius, vorgeführt.

Vom Diensthabenden wurde gesagt: „Marcellus, ein Centurio des Statthalters Fortunatus, wird deiner Gewalt übergeben. Es liegt ein Brief in dieser Angelegenheit vor, den ich, wenn du es befiehlst, vorlesen werde."

Agricolanus befahl: „Vorlesen!"

Der Gerichtsbeamte begann: „Für dich, o Herr, von Fortunatus usw ...."

Als der Brief vorgelesen war, sprach Agricolanus: „Hast du das gesagt, was in den Akten des Statthalters steht?"

Marcellus antwortete: „Ich habe es gesagt."

Agricolanus sagte: „Warst du Soldat als gewöhnlicher Centurio?"

Marcellus: „Ich war Soldat!" Agricolanus: „Welche Verblendung hat dich dazu getrieben, die militärischen Abzeichen wegzuwerfen und derart zu reden?"

Marcellus: „Es gibt keine Verblendung bei denen, die den Herrn fürchten."

Agricolanus: „Hast du nur das gesagt, was in den Akten des Statthalters niedergelegt ist?"

Marcellus: „Ich habe es gesagt."

Agricolanus: „Hast du die Waffen fortgeworfen?"

Marcellus: „Ich habe sie fortgeworfen. Es ziemt sich nämlich nicht, daß ein Christ Soldat der Armee dieser Welt sei, da er doch Soldat des Herrn Christus ist."

Agricolanus: „Die Taten des Marcellus sind derart, daß diese Art von Gehorsam bestraft zu werden verdient. Und so soll Marcellus, der als gewöhnlicher Centurio diente, mit dem Schwert hingerichtet werden. Er hat öffentlich den Diensteid (Kriegsdienst) verweigert, weil er sich [* sonst *] verunreinige, so sagt er. Darüber hinaus hat er – siehe die Akten des Statthalters – viele verblendete Worte gesprochen."

Und als er zur Hinrichtung geführt wurde, sagte Marcellus so: „Agricolanus, Gott möge dir Gutes tun!" So verließ Marcellus die Welt als ehrenvoller Märtyrer.[24]

3.3 | Der Hl. Julius

Die hier vorliegenden Akten beschreiben keine Kriegsdienstverweigerung, sondern den Fall, wo das angeordnete Opfer für die Götter verweigert wird.

Julius hat als Veteran siebenundzwanzig Jahre in der ‚trügerischen Armee' gedient, scheint auch stolz darauf zu sein und lehnt alle wohlwollende Hilfe seitens des Statthalters ab, der ihm ermöglichen will, ohne Skrupel den Göttern zu opfern. Eine Unvereinbarkeit von weltlichem Kriegsdienst und Christsein taucht hier nicht auf.

Der Bericht ist von einem Mitchristen verfaßt worden. Möglicherweise wurden die Prozeßprotokolle hinzugezogen, jedoch fehlt, wie sonst üblich, die Angabe des Ortes und der Zeit. Hinzugefügt wurde sicher auch die theatralische Szene mit dem Märtyrer Isichius, ebenfalls Soldat und Christ, am Ort der Hinrichtung.

Ich habe diese Akten hier aufgeführt, um darzulegen, daß mehrere Motive ausschlaggebend waren, von denen eines die Verweigerung

---

[24] Eigene Übersetzung nach: ANALECTA BOLLANDIANA 41 (1923), S. 261/287; auch abgedruckt in; RUINART: *Acta Martyrum*, S. 342/344; KNOPF / KRÜGER, S. 87/89; HARNACK, S. 117/119; MUSURILLO, S. 244/249; dt. Übersetzung auch: W. SCHULTZ, S. 48/53 (schlecht!); RUINART: *Echte und ausgewählte Acten der ersten Martirer*, Bd. IV, S. 184/190.

des römischen Kultes ist, was in diesem Fall im Vordergrund steht.[25]

Akten des Veteranen Julius

Zur Zeit der Verfolgung, als die Getreuen im ruhmreichen Kampf erwarteten, geweiht, die ewige Verheißung anzunehmen, da wurde der von den Amtsdienern ergriffene Julius unter dem Statthalter Maximus herbeigeführt.

Der Statthalter Maximus sagte: ‚Wer ist dieser?'

Es wurde vom Amt gesagt: ‚Dieser ist Christ, und er will den vorgeschriebenen Gesetzen nicht gehorchen.'

Der Statthalter sagte: ‚Wie wirst du genannt?'

Er antwortete: ‚Julius'.

Der Statthalter sagte: ‚Was sagst du dazu, Julius? Ist es wahr, was von dir gesagt wird?'

Julius antwortete: ‚So ist es, ich bin nämlich Christ. Ich behaupte nicht, ein anderer zu sein als ich bin.'

Der Statthalter sagte: ‚Sind dir die Befehle der Könige unbekannt, die befehlen, den Göttern zu opfern?'

Julius antwortete: ‚Gewiß kenne ich sie, aber ich bin Christ, und ich kann nicht tun, was du verlangst. Denn es ziemt sich nicht, meinen wahren und lebendigen Gott zu vergessen.'

Maximus, der Statthalter, sagte: ‚Ist es denn so schlimm zu opfern und dann wegzugehen?'

Julius antwortete: ‚Ich kann die göttliche Weisung nicht mißachten und meinem Gott treulos erscheinen. Seit ich mich nämlich in die trügerische Armee verirrt habe, bin ich in siebenundzwanzig Jahren niemals derart frevelhaft und prozeßsüchtig dem Richter zugeführt worden. Siebenmal bin ich in den Krieg gezogen und hinter niemandem habe ich zurückgestanden. Auch habe ich nicht schlechter als irgendein anderer gekämpft. Der Anführer hat nicht gesehen, daß ich jemals etwas Unschickliches tat, und allein du glaubst, daß ich, der ich schon in schlechten Dingen als treu wahrgenommen wurde, in besseren als untreu gefunden werden könnte?'

Der Statthalter Maximus antwortete: ‚Welchen Wehrdienst hast du geleistet?'

---

[25] Zu Julius siehe: HORNUS, S. 136f; CADOUX, S. 240.

Julius antwortete: ‚Unter den Waffen des Heeres. Meinen Zug habe ich als Veteran verlassen. Immer habe ich Gott geehrt, der Himmel und Erde bewohnt, und auch jetzt bleibe ich dabei, ihm zu dienen.'

Der Statthalter Maximus sagte: ‚Julius, ich sehe, daß du ein verständiger und besonnener Mann bist. Laß dich daher von mir überzeugen, den Göttern zu opfern, damit dir eine große Belohnung zukommt.'

Julius antwortete: ‚Ich mache nicht, was du verlangst, damit ich nicht der ewigen Strafe verfalle.'

Der Statthalter Maximus sagte: ‚Wenn du glaubst, daß es Sünde ist, dann soll es mich treffen: Ich tue dir Gewalt an, damit du nicht als einer erscheinst, der aus freiem Willen einverstanden war. Danach kehrst du wirklich sicher in dein Haus zurück, nachdem du das Geld der Zehnjahresfeier [* Fest des Kaisers *] angenommen hast, und im übrigen wird dir niemand Beschwerden machen.'

Julius antwortete: ‚Weder dein satanisches Geld noch deine listige Überredung kann mich des ewigen Lichtes berauben. Ich kann nämlich Gott nicht verleugnen. Gib also dein Urteil gegen mich wie gegen einen Christen ab.'

Maximus sagte: ‚Wenn du der kaiserlichen Anordnung nicht ergeben bist und nicht opferst, dann werde ich dir den Kopf abschlagen lassen.'

Julius antwortete: ‚Gut hast du gesprochen. Ich bitte dich daher inständigst um dieses, Statthalter, auch für das Heil deiner Herrscher, daß du deinen Entschluß vervollständigst und den Spruch an mir vollstreckst, damit meine Gelübde vollendet werden.'

Der Statthalter Maximus sagte: ‚Wenn du nicht Reue empfindest und opferst, dann werde ich deinem Wunsch folgen.'

Julius antwortete: ‚Wenn ich dies zu erdulden verdiene, dann wird mir ewiges Lob bleiben.'

Maximus sagte: ‚Es wird dir der Rat gegeben: Wenn du für die Gesetze des Vaterlandes etwas erleidest, so wirst du ewiges Lob haben.'

Julius antwortete: ‚Für die Gesetze erleide ich dies sicherlich, aber für die göttlichen.'

Maximus sagte: ‚Hat dies euch dieser Tote und Gekreuzigte übermittelt? Sieh ein, wie dumm du bist, der du einen Toten mehr fürchtest als die Herrscher, die leben.'

Julius antwortete: ‚Jener ist für unsere Sünden gestorben, um uns ewiges Leben zu verleihen. Christus selbst bleibt in der Tat derselbe Gott in alle Ewigkeit. Wer da bekennt, der wird das ewige Leben erlangen; wer dies aber leugnet, der wird die ewige Strafe erleiden.'

Maximus sagte: ‚Aus Mitgefühl gebe ich dir den Rat, daß du besser opferst und mit uns lebst.'

Julius antwortete: ‚Wenn ich mit euch am Leben bleibe, wird mir der Tod [* sicher *] sein; wenn ich im Anblick des Herrn gestorben bin, werde ich ewig leben.'

Maximus sagte: ‚Höre auf mich und opfere, damit ich dich nicht, wie versprochen, töten muß.'

Julius sagte: ‚Ich habe zur rechten Zeit zu sterben erwählt, damit ich mit den Heiligen für immer lebe.'

Darauf verkündete Maximus, der Statthalter, das Urteil, indem er sagte: ‚Julius, der die vorgeschriebenen Anweisungen nicht beachten wollte, wird mit dem Tode bestraft.'

Als er aber zu dem dafür üblichen Ort geführt wurde, küßten ihn alle. Glücklich sagte ihnen dann Julius: ‚Ein jeder sehe, wie er küßt.' [??] [* Handschrift verderbt *] Ein gewisser Isichius aber sagte, weil er als Christ und Soldat selber gefangengehalten wurde, dem heiligen Märtyrer: ‚Ich flehe dich an, Julius, erfülle dein Versprechen mit Freude und nimm die Krone an, welche der Herr den Bekennern zu geben versprach und gedenke meiner, denn auch ich werde dir folgen. Grüße auch besonders, das bitte ich aus, den Bruder Valentian, den Diener Gottes, der uns schon durch das tapfere Bekenntnis zum Herrn vorangegangen ist.' Julius sagt zu Isichius, indem er ihn von Herzen küßt: ‚Beeile dich, Bruder, zu kommen. Deine Aufträge aber wird jener hören, den du gegrüßt hast.'

Und das Schweißtuch annehmend, verband er seine Augen, streckte seinen Hals und sagte: ‚Herr Jesus Christus, für dessen Namen ich dieses erleide, dich bitte ich inständig, daß du erlaubst, meinen Geist mit deinen heiligen Märtyrern aufzunehmen.'

Der Diener des Teufels [* Henker *] machte darauf, indem er mit dem Schwert zuschlug, dem glücklichen Märtyrer in Jesus Christus, unserem Herrn, ein Ende, welchem Ehre und Ruhm bis in alle Ewigkeit gebührt.

Amen.[26]

3.4 | Der Hl. Ferrutius von Mainz

Ferrutius erlebte den Märtyrertod um 292-306 n. Chr. Er war römischer Soldat und verweigerte den Kriegsdienst, wurde eingekerkert und starb im Gefängnis. Seine Gebeine wurden im 8. Jahrhundert nach Bleidenstadt bei Taunusstein übertragen, wo eine Kirche zu dessen Ehren geweiht wurde. Später wurde das Kloster nach Mainz verlegt, die Reliquien mitgenommen, die dann in den Wirren der Französischen Revolution und der Auflösung des Klosters durch Napoleon verloren gingen.

Wir wissen von Ferrutius sehr wenig außer einer Grabinschrift des 9. Jahrhundert, die der Erzbischof von Mainz, Reculf, verfaßt hat. Diese spricht eine deutliche Sprache:

> Hier ruht Ferrutius, bedeutend durch seine Verdienste. Dem Kriegsdienst sagte er ab, um am Altar Christi zu dienen. Der Märtyrer wurde darum mit grausamen Foltern gepeinigt. Lange Monde brachte er zu in Kerkern und Ketten. Bis zu der Zeit, da sein Geist aufstieg zur himmlischen Wohnung.[27]

3.5 | Tarachus

Der uns überlieferte Text hat die Form eines Briefes und enthält drei Verhöre der Märtyrer Tarachus, Probus und Andronicus. Das Ver-

---

[26] Eigene Übersetzung nach: HARNACK, S. 119/121; auch abgedruckt in: ANALECTA BOLLANDIANA 10 (1891), S. 50 ff; dt. Übersetzung auch: RUINART: *Echte und ausgewählte Acten der ersten Martirer*, Bd. VI, S. 384/390.

[27] Übersetzung nach: HORNUS, S. 148; vgl. auch: FERRUTIUS, in: LThK 4 (Freiburg ²1960), Sp. 93; ACTA SANCTORUM 12. Oktober 1867, S. 530/543.

hör ist sicherlich einige Zeit nach der Verfolgung entstanden und legendarisch ausgeschmückt worden.

Tarachus kam vermutlich in einer Verfolgungswelle des Jahres 304 ums Leben. Wir wissen von ihm sehr wenig. Aus den Märtyrerakten ist zu entnehmen, daß er im Alter von 65 Jahren das Martyrium erlitt. Das Verhör fand in Tarsus in Cilicien statt und ist in dem bekannten Rahmen gestaltet. Sein Namenstag ist der 11. Oktober.

Tarachus ist ein ehemaliger Soldat, der nach seinen Angaben den Kriegsdienst deswegen verließ, weil er Christ war. Im Zusammenhang einer örtlichen Verfolgung wird er zu einem späteren Zeitpunkt vor Gericht gestellt, verweigert das Opfer für die Götter und erleidet das Martyrium. Wir erfahren hier im Nachhinein aus der altertümlichen Übersetzung vom Verhalten des Tarachus, der Christsein und Kriegsdienst für nicht vereinbar hielt.[28]

Acten der heiligen Märtyrer Tarachus, Probus und Andronicus

[…] Als Diocletian und Maximian abermal Consuln waren, und Numerian Maximus zu Tarsus, der Hauptstadt Ciliciens, am 21. Juni zu Gerichte saß, da sprach Demetrius, der Centurio: Herr, es wurden aus der Stadt Pompejopolis von dem Häscher Eutolmius Palladius einige sehr böse und ruchlose Christen vor deine Herrlichkeit gebracht; die den Befehlen der Herrscher sich nicht fügen; und diese stehen nun vor dem Richterstuhle deiner Herrlichkeit! – Da sprach der Statthalter Maximus zu Tarachus: ‚Wie heißest du? denn dich muß ich zuerst befragen, da du den Anderen an Alter vorgehest. Gib Antwort!'
Tarachus sprach: ‚Ich bin ein Christ!'
Maximus sprach: ‚Laß dieses gottlose Bekenntnis! Sag' an: wie heißest du?'
Tarachus sprach: ‚Ich bin ein Christ!'
Maximus sprach: ‚Zerschlaget ihm die Kinnbacken und saget: Antworte nicht Eines statt des Anderen!'
Tarachus sprach: ‚Ich sage nur, was mein Name ist. Fragest du aber um meinen allgemeinen Namen, so ward ich von den Ael-

---

[28] Siehe: HORNUS, S. 137; vgl. auch →Anmerkung 19. – Es wird deutlich, daß hier kein reines Protokoll vorliegt, aus einer kurzen Vorlage ist vielleicht dieser ausgedehnte Bericht gewachsen.

tern Tarachus genannt; als ich aber im Kriege diente, erhielt ich den Namen Victor.'

Maximus sprach: ‚Welcher Abkunft bist du?'

Tarachus sprach: ‚Ich bin ein Kriegesmann von Stande und römischer Bürger. Geboren aber bin ich zu Claudiopolis, einer Stadt Isauriens [* Syrien *]. Und weil ich Christ bin, entsagte ich dem kriegerischen Stande!'

Maximus sprach: ‚Nicht werth wärest du, Ruchloser, im Kriege zu streiten. Wie bist du indessen von dem Kriegsdienste losgekommen?'

Tarachus sprach: ‚Ich bat Publio, den Fürsten, und er hat mich entlassen!' […]

Daraufhin wird Tarachus zum Opfer für die römischen Götter aufgefordert, was er verweigert. Aus dem dritten Verhör noch einige einzelne Zitate:

> Maximus: „Die Krieger opfern den Göttern immer für das Heil der Fürsten, damit sie höhere Würden verdienen. Weil du aber ein arger Bösewicht bist und dem Kriegsdienst entflohest, darum mußt du größere Qualen leiden."
>
> […] „Tarachus sprach: ‚Erachte nicht, daß ich vor deinen Reden mich fürchte. Bereit bin ich dir zu Allem; da ich die Waffen Gottes trage.'
>
> Maximus sprach: ‚Was für Waffen trägst du, Verfluchter? Sieh, nackt bist du und ganz verwundet!'
>
> Tarachus sprach: ‚Dies ist dir unbewußt, denn nicht sehen kannst du meine Waffen, da du blind bist.'
>
> Maximus sprach: ‚Ich ertrage alle deine Eitelkeit. Denn ob du auch auf deinen Antworten fortbestehest, bringest du mich dennoch nicht so sehr auf, daß ich auf Einmal dem Tode dich übergebe.'
>
> Tarachus sprach: ‚Was habe ich denn Böses gesprochen, als ich sagte, du könntest meine Waffen nicht sehen? denn weder bist du dem Leibe noch dem Herzen nach rein, sondern ein gottloser Verzehrer der Diener Gottes.'" […][29]

---

[29] Text aus: RUINART, Th.: *Echte und ausgewählte Acten der ersten Martirer* Bd. VI, S. 50/99; Quellentext in: RUINART, *Acta Martyrum*.

3.6 | Ferreolus

Ferreolus soll in Vienne das Martyrium erlitten haben. Die Zeit ist ungewiß. Der überlieferte Bericht ist im Gegensatz zum Martyrium des Maximilian oder Marcellus nicht in der Form eines Protokolls gefaßt, sondern der Bericht eines gläubigen Christen. Der Richter und Ferreolus halten eher Reden, als daß es ein Gerichtsverhör ist; auch fehlen die Angaben zur Person zu Beginn und das abschließende Urteil.

Einziges Motiv für den Militärtribun Ferreolus ist die Weigerung, das geforderte Opfer zu leisten. Das Ende des Berichtes macht klar, daß der eigentliche Anlaß der Schrift die Verehrung seiner Reliquien an einer Grabstätte bei Vienne nahe der Rhone ist.

Wir sehen: Die Historizität ist – außer dem Namen – fraglich. Hornus erwähnt, daß Ferreolus möglicherweise im Heer eine Funktion innehatte, die der heutigen Polizei entspricht, da er erstens ‚lediglich der Kleidung, nicht dem Dienste nach' Soldat war und zweitens bloß gegen ‚Schuldige' (= noxis), nicht gegen Feinde (= hostis) kämpfen will.

Unter diesen kritischen Vorzeichen sollte der ‚Soldat' Ferreolus gesehen werden: Ferreolus wird bei einer Verfolgung denunziert, er weigert sich zu opfern, wird gefoltert und in Ketten gelegt. Durch ein Wunder kann er am dritten Tag (!!) fliehen, durchschwimmt die Rhone, wird aber wieder gefangengesetzt und getötet. Sein Namenstag ist der 18. September.[30]

Passio des Hl. Märtyrers Ferreolus

Als das von Gott geliebte, vom Teufel aber verhaßte Geschlecht der Christen in allen Provinzen gezwungen wurde, sich eifrig um die gottlosen Zeremonien zu bemühen, begann ein Crispinus, der zu jener Zeit in der Stadt Vienne Richter war, auf Befehl der Imperatoren die Christen zum Opfer zu zwingen. Da er also den Richterstuhl innehatte, beschloß er mit einer verabscheuenswerten Maßnahme, diejenigen zu belohnen, die gehorchen wür-

---

[30] HORNUS, S. 129 u. 189; BÖHNE: *W. Ferreolus*, in: LThK 4 (Freiburg ²1960), Sp. 90; vgl. auch: RUINART: *Echte und ausgewählte Acten die ersten Martirer* Bd. VI, S. 138f.

den und die Widerstrebenden zu bestrafen. Indes er nun seine fürchterlichste Wut an allen Dienern Gottes ausließ, trug es sich zu, daß unter anderem auch der glücklichste Märtyrer Ferreolus, der lediglich der Kleidung, nicht dem Dienst nach ein Soldat war, als Christ angezeigt wurde.

Indem er ihn zum Opfern drängte, sagte er: „Gehorchen mußt du vor allem, Ferreolus, den Gesetzen der unbesiegbaren Herrscher, welchen wegen des Soldatensoldes Treue, wegen der Hoheit des Staates Ehrfurcht und wegen der Beförderung zu höheren Ehren unverletzliche Ergebenheit gebührt. Daher ist es schicklich, der Anordnung zu gehorchen, damit deine Ausflüchte nicht streng bestraft werden. Somit wird dir befohlen, den Göttern zu opfern. Weshalb zögerst du?"

Der Hl. Ferreolus sprach: „Ich bin Christ, ich darf den Göttern nicht opfern. Ich habe für die Imperatoren Kriegsdienste geleistet, solange es die Religion ohne Schaden erlaubte. Meine Taten waren, als ich dir gehorchte, den gerechten Gesetzen gehorsam; gotteslästerlichen Gesetzen habe ich niemals gedient. Gegen Schuldige, nicht gegen Christen habe ich beabsichtigt zu kämpfen. Den Sold, dessen du gedenkst, fordere ich nicht. Soll der gotteslästerliche Imperator doch gotteslästerliche Soldaten unterhalten! Für dieses zeitliche Leben suche ich keinen Gewinn: Mir genügt es, wenn es erlaubt ist, daß ich als Christ ungestört meine Religion lebe, ist mir dies aber nicht gestattet, so bin ich bereit, zu sterben." […]

[* Ferreolus wird gefoltert, kann aber entfliehen. *]

Als er von den Verfolgern ergriffen wurde, ward er, die Hände auf dem Rücken gebunden, zu dem Ort geführt, an dem wir die Grabstätte seines heiligen Körpers verehren. Dort ward er, als die Verfolger von einer plötzlichen Grausamkeit ergriffen wurden, dahingestreckt. Es bestattete ihn aber die gläubige Andacht der frommen Bürger zum Schutz ihrer Stadt mit größter Ehrerbietung unweit der Rhone. Durch dessen Beistand für die Stadt, wie auch seine Fürsprache, werden häufige Wohltaten durch die Hilfe unseres Herrn Jesus Christus erwiesen, dem Kraft und Herrlichkeit ist in alle Ewigkeit. Amen.[31]

---

[31] Text nach: RUINART, *Acta Martyrum*, S. 489/491; dt. Übersetzung: eigene, mit

3.7 | Ein wahrer Schatz

In Mesopotamien findet die folgende erbauliche Geschichte statt: Bischof Archelaus erhält das Angebot, Kriegsgefangene freizukaufen und bittet, mangels eigenen Vermögens, einen begüterten Bürger seiner Stadt um Hilfe. Dieser gibt sein ganzes Geld und ermöglicht so, die Gefangenen freizukaufen.

Interessant ist das Ende, wo berichtet wird, daß einige Soldaten von der Barmherzigkeit des Bischofs so berührt waren, daß sie zum Christentum übertraten. Damit verbunden war gleichzeitig, daß sie den Militärdienst verließen. „Sollte es sich bei dieser Geschichte auch um eine Legende handeln, so zeigt sie doch die Ablehnung des Militärdienstes seitens eines Autors, der im frühen vierten Jahrhundert an der Ostgrenze schrieb", so Bainton.[32]

acta Archelai:

Ein wahrer Schatz oder das Streitgespräch des Bischofs Archelaus von Mesopotamien gegen Mani, geführt in der Stadt Carchar und beurteilt von Manippus, Aegialeus, Claudius und Cleobolus:

In dieser Stadt lebte ein Mann mit Namen Marcellus, der aufgrund seines Lebens, seiner Beschäftigungen, seiner Abstammung und auch aufgrund seiner Klugheit und Würde für sehr berühmt gehalten wurde.

Er war auch mit Geld reich ausgestattet und – was das Größte von allem ist – er fürchtete Gott aufs frommste und gehorchte denen, die von Gott sprachen, immer in Ehrfurcht. So gab es überhaupt nichts Gutes, das jenem Mann fehlte. Daher wurde er von der gesamten Stadt mit der höchsten Ehrerbietung verehrt, und er selbst vergalt es seiner Stadt häufig mit vielen Schenkungen, indem er den Armen zuteilte, die zu Boden Gefallenen wieder aufhob und den Gequälten Hilfe brachte. Nicht aber vermindert die Schwachheit der Worte die Tugend eines solchen Man-

---

Orientierung an: RUINART: *Echte und ausgewählte Acten der ersten Martirer* Bd. VI, S. 139/145.

[32] BAINTON, S. 194.

nes, da wir seinen Ruhm ja bekannt machen; dies genügt zu sagen.

Ich will zu dem Werk kommen, das der Hauptgegenstand ist: Zur Zeit als Archelaus Bischof war, gab es eine große Menge an Kriegsgefangenen, bedingt durch die Soldaten, die dort das Lager bewachten: 7700 an der Zahl. Große Sorge fesselte den Bischof, weil von den Soldaten Gold für deren Freilassung gefordert wurde. Und da er es nicht unbeachtet lassen konnte, glühte er leidenschaftlich für die Religion und die Gottesfurcht und legte, schließlich zu Marcellus eilend, diesem die Schwierigkeit der Sache dar. Als der überaus fromme Marcellus dies hörte, zögerte er keinen Augenblick, und durchs Haus eilend bereitete er soviel Lösegeld vor, wie gefordert wurde. Unverzüglich, sobald er die Schätze seines Vermögens auftat, teilte er das Lösegeld in Frömmigkeit für die Soldaten ab, weder genau abgezählt noch mit irgendeiner peinlichen Unterweisung, damit es mehr als Geschenk denn als Lösegeld scheine. Aber jene, die die übergroße Frömmigkeit des Mannes bewunderten, die Freigebigkeit dankbar annahmen und von Staunen gerührt waren, wurden durch das Beispiel der Barmherzigkeit so bewegt, daß die meisten von ihnen zum Glauben an unseren Herrn Jesus Christus gebracht wurden, nachdem sie den Kriegsdienst völlig aufgegeben hatten. Andere aber zogen, kaum daß sie den vierten Teil des Lösegeldes genommen hatten, zum eigenen Lager ab.

Die übrigen jedoch erhielten überhaupt nur so viel, wie als Reisegeld reichte und gingen weg.[33]

3.8 | Nereus und Achilleus

Ende des 4. Jahrhunderts verfaßte Papst Damasus (305-384 n. Chr.) eine Inschrift zu Ehren zweier Soldaten: NEREUS und ACHILLEUS. Die historische Existenz dieser Märtyrer ist umstritten, zweifellos aber

---

[33] Eigene Übersetzung nach: HEGEMONIUS: *Acta Archelai*, in: Die griechischen christlichen Schriftsteller der ersten drei Jahrhunderte (GCS) 16, hg. von Henry Beeson (Leipzig 1906).

ist die Haltung von Papst Damasus zur Kriegsdienstverweigerung eindeutig. Die Inschrift lautet übersetzt folgendermaßen:

> Sie hatten sich dem Heere verpflichtet und übten aus ihr grausames Handwerk, gleiches Gewicht beilegend dem Geheiß des Tyrannen, bereit, seinen Befehlen zu folgen, getrieben von Furcht. Doch welch wahrhaft erstaunlicher Glaube! Plötzlich entsagten sie der Gewalt. Sie kehren um, sie entfliehn, sie verlassen das gottlose Lager des Feldherrn, ihre Auszeichnungen und blutbesprengten Waffen werfen sie hin. Ihren Glauben bekennend, freuen sie sich, die Zeichen des Triumphs Christi zu tragen. Schenkt auf das Zeugnis des Damasus hin Glauben dem, was die Herrlichkeit Christi vermag.[34]

3.9 | Sankt Martin von Tours

Aus dem Leben des Hl. Martin wissen wir durch seinen begeisterten Schüler Sulpicius Severus, der – wohl noch zu Lebzeiten Martins – dessen legendarisch ausgeschmückte Biographie niederschrieb und ihn als jemanden zeigt, dessen Lebenslinie durch alle Rollen, die ihm das Leben schrieb, hindurch Klarheit behält, sich selber treu bleibt. Martin lebte von 317-397 n. Chr.

Er war der Sohn eines römischen Soldaten und daher per Gesetz verpflichtet, ebenfalls Kriegsdienst zu leisten. Mehrere Jahre diente er beim Militär und wurde sogar Offizier. In dieser Zeit fällt die wohl allseits bekannte Mantelteilung vor dem Stadttor von Amiens. Erst dann lernt er das Christentum kennen und empfängt die Taufe im Wissen, nicht länger Soldat bleiben zu können. Im Jahre 356 verweigert er in Worms am Rhein kurz vor einem Feldzug gegen die vordringenden Alemannen den Kriegsdienst. ‚Ich bin Soldat Christi, es ist mir nicht erlaubt zu kämpfen‘, bekennt er vor der ganzen Truppe. Martin wird inhaftiert, und er erklärt sich bereit, um zu zeigen, daß er nicht aus Feigheit handelt, am Tag der Schlacht ohne

---

[34] Übersetzung nach: HORNUS, S. 146 f; vgl. A. FERRUA: *Epigramata Damasiana* (1942); vgl. auch ACHELIS, Hans: *Acta SS. Nerei et Achilei* (Leipzig 1893); DIGNATH-DÜREN, S. 18f; *Damasus*, in: LThK 3 (Freiburg ²1960), S. 136/137.

Waffen dem Feind entgegenzugehen, dem vermeintlich sicheren Tod entgegen.

Am nächsten Morgen schickten die Germanen Gesandte zu Friedensverhandlungen, und beide Seiten erreichten, daß der Friede am Rhein ohne jedes Blutvergießen wiederhergestellt war.

Daraufhin wird Martin begnadigt und aus der Armee entlassen. Daß der Hl. Martin „den Kriegsdienst aus christlicher Überzeugung quittierte, weil er es für unvereinbar hielt, zugleich Soldat und Christ zu sein, hat die Katholische Theologie immer in eine gewisse Verlegenheit gebracht. Man hat diese Tatsache – bewußt oder unbewußt – einfach verschwiegen."[35] Weder stand Martin vor der Entlassung, wie ein sinniger Theologe vermutete, noch machte er den Schritt ins Priester- oder Diakonenamt. Dies geschah erst später: Erst 14 Jahre nach dem Austritt aus dem Militär wird er zum Priester geweiht. Dies bedeutet, daß Martins Kriegsdienstverweigerung allein mit dem Christsein zusammenhängt.

Nach der Militärzeit reist er durch das heutige Süddeutschland, Ungarn, Italien und Frankreich. Danach lebt er, fasziniert vom aufkeimenden Mönchtum des Ostens, zurückgezogen und im Gebet. Er gilt als Begründer des Mönchtums in Gallien. Das Bemühen, konsequent gewaltsame Auseinandersetzungen zu verhindern und gewaltlos den Frieden wiederherzustellen, zeichnet Martin auch später als Bischof aus: Der Priszillianismus, eine christliche Glaubensrichtung, deren Inhalt nicht mehr klar feststellbar ist und in Spanien seinen Ausgang nahm, sollte auf Betreiben gallischer Bischöfe verfolgt und seine Anhänger getötet werden. Zum allerersten Mal wurden Christen selbst zu Christenverfolgern. Der Besitz des Priszillian, den diese Bischöfe beneideten, tat ein übriges dazu.

Martin reist nach Trier, entschlossen, das Unheil zu verhindern. Er will vermitteln, wird sogar selbst des Priszillianismus verdächtigt, schließlich, so Sulpicius Severus, zählten zu Martins Gegnern ‚fast nur Bischöfe'. Nach anfänglicher Einigung scheitern Martins Schlichtungsversuche. Priszillian wird verbrannt, seine Bewegung aufs Brutalste verfolgt. Zum ersten Mal, daß Christen das Schwert gegen Mitchristen erhoben.

---

[35] Nach BLANK, S. 57, siehe dazu: HORNUS, S. 140/144 insbes. die Anmerkungen.

Martin zieht sich darauf von politischen Dingen zurück, meidet Bischofskonferenzen und widmet sich mit ganzer Kraft seinem Bistum Tours, denn er war gegen seinen Willen von den einfachen Bewohnern Tours' im Jahr 371 zum Bischof der Stadt gewählt worden. Die Reichen und die Bischöfe der Region mißtrauten Martin – mit Recht –, denn er war ein Freund der Armen und des Volkes. Er lebte auch nicht innerhalb der Stadt, sondern mit Gefährten in armseligen Hütten außerhalb, trug schlichte Kleidung und nahm einfache Speisen zu sich.

So ist es nicht verwunderlich, daß kurz nach Martins Tod (im Jahr 397 n. Chr.) sehr viele Kirchen in Gallien und im späteren fränkischen Reich nach ihm benannt wurden. Martinskirchen sind in unseren Breiten oft die ältesten Kirchen. Sie zeugen von der großen Beliebtheit dieses Heiligen. Später wurde das Leben Martins häufig verzerrt und auf einen mantelteilenden Soldaten reduziert, ja einige gingen sogar so weit, aus ihm ein Vorbild des christlichen Soldaten zu machen und verdrehten damit völlig die Realität.

Was könnte heute an Martin faszinieren? Martin stand und steht für ein nicht der Welt ergebenes Christentum, das mehr dem Gewissen als der Macht gehorcht. Ein Christentum, das Blutvergießen nicht in Kauf nimmt, sondern alles Erdenkliche versucht, es zu verhindern. Einem Christentum von unten, vom Volk ausgehend, zum Teil auch gegen die etablierten Vertreter der Kirche. Insbesondere ist Martin Stellvertreter einer Traditionslinie in der Kirche, die den Kriegsdienst *vor* und *nach* der Konstantinischen Wende für unvereinbar mit dem christlichen Glauben hielt! Dies könnte auch heute noch zu denken geben.[36]

---

[36] Aus der Fülle der Literatur zu Martin einige, die die Kriegsdienstverweigerung beachten: SCHNEIDER, Reinhold: *St. Martin von Tours*: Bischof und Pazifist, in: Der Christ in der Welt, 3. Jahrgang, Folge 2 (1952/53), S. 49/53[5]; DERS.: *Der Heilige Martin von Tours*, in: ders., Herrscher und Heilige (Köln/Olten 1953), S. 279/293; VOSSEN, Carl: *St. Martin* – sein Leben und Fortwirken in Gesinnung, Brauchtum und Kunst; BLANK, Josef: *Im Dienst der Versöhnung* (München 1984); NIGG, Walter: *Martin von Tours* (Freiburg/Basel/Wien 1977).

Einmal, er besaß schon nichts mehr als seine Waffen und ein einziges Soldatengewand, da begegnete ihm im Winter, der ungewöhnlich rauh war, so daß viele der eisigen Kälte erlagen, am Stadttor von Amiens ein notdürftig bekleideter Armer. Der flehte die Vorübergehenden um Erbarmen an. Aber alle gingen an dem Unglücklichen vorbei. Da erkannte der Mann voll des Geistes Gottes, daß jener für ihn vorbehalten sei, weil die anderen kein Erbarmen übten. Doch was tun?

Er trug nichts als den Soldatenmantel, den er umgeworfen hatte, alles übrige hatte er ja für ähnliche Zwecke verwendet. Er zog also das Schwert, mit dem er umgürtet war, schnitt den Mantel mitten durch und gab die eine Hälfte dem Armen, die andere legte er sich selbst wieder um. Da fingen manche der Umstehenden an zu lachen, weil er im halben Mantel ihnen verunstaltet vorkam. Viele aber, die mehr Einsicht besaßen, seufzten tief, daß sie es ihm nicht gleich getan und den Armen nicht bekleidet hatten, zumal sie bei ihrem Reichtum keine Blöße befürchten mußten.

In der folgenden Nacht nun erschien Christus mit jenem Mantelstück, womit der Heilige den Armen bekleidet hatte, dem Martinus im Schlafe. Er wurde aufgefordert, den Herrn genauer zu betrachten und das Gewand, das er verschenkt hatte, wieder zu erkennen. Dann hörte er Jesus laut zu der Engelschar, die ihn umgab, sagen: ,Martinus, obwohl erst Katechumen, hat mich mit diesem Mantel bekleidet'. Eingedenk der Worte, die er einst gesprochen: ,Was immer ihr einem meiner Geringsten getan, das habt ihr mir getan', erklärte der Herr, daß er im Armen das Gewand bekommen habe. Um das Zeugnis eines so guten Werkes zu bekräftigen, würdigte er sich, in dem Gewande, das der Arme empfangen hatte, zu erscheinen. Trotz dieser Erscheinung verfiel der selige Mann doch nicht menschlicher Ruhmsucht, vielmehr erkannte er in seiner Tat das gütige Walten Gottes und beeilte sich, achtzehnjährig, die Taufe zu empfangen.

[*Hier tritt ein chronologischer Widerspruch auf, da Martin nach Dial. II, 7,4 zur Zeit des Austritts aus dem Militär 41 Jahre alt war, jedoch nach vita martini war er gerade 20 Jahre alt. Umstritten ist auch das Todesjahr. Eine genaue Klärung scheint nicht mehr möglich.*]

Er entsagte jedoch dem Heeresdienst noch nicht sogleich, da er den Bitten seines Tribuns nachgab, mit dem er in vertrauter Kameradschaft zusammenlebte. Denn jener versprach, nach Ablauf der Dienstzeit als Tribun der Welt den Rücken zu kehren. Durch diese Zusage ließ sich Martinus bestimmen, noch ungefähr zwei Jahre lang nach seiner Taufe, freilich nur dem Namen nach, zu dienen.

Unterdessen waren Barbaren in Gallien eingebrochen. Kaiser Julian zog bei der Stadt der Vangionen [* Worms *] ein Heer zusammen und begann damit, Geldgeschenke unter die Soldaten zu verteilen. Dabei wurde nach der Gewohnheit jeder Soldat einzeln vorgerufen. So kam die Reihe auch an Martinus. Jetzt hielt dieser den Zeitpunkt für günstig, seine Entlassung zu erbitten. Er war nämlich der Ansicht, er habe keine freie Hand mehr, falls er das Geschenk in Empfang nehme, ohne weiter dienen zu wollen.

Deshalb sprach er zum Kaiser: ,Bis heute habe ich dir gedient; gestatte nun, daß ich jetzt Gott diene. Dein Geschenk mag in Empfang nehmen, wer in die Schlacht ziehen will. Ich bin ein Soldat Christi, es ist mir nicht erlaubt, zu kämpfen.'

Wutschnaubend ob dieser Rede gab der Tyrann zur Antwort, er wolle sich nur aus Angst vor der Schlacht, die für den anderen Tag zu erwarten war, nicht um seines Glaubens willen dem Kriegsdienst entziehen.

Doch Martinus blieb unerschrocken, ja der Versuch, ihn einzuschüchtern, machte ihn nur noch fester. So sprach er: ,Will man meinen Entschluß der Feigheit und nicht der Glaubenstreue zuschreiben, dann bin ich bereit, mich morgen ohne Waffen vor die Schlachtreihe zu stellen und im Namen des Herrn Jesus mit dem Zeichen des Kreuzes, ohne Schild und Helm, furchtlos die feindlichen Reihen zu durchbrechen.'

Man ließ ihn also in Gewahrsam halten, damit er sein Wort wahrmache und sich waffenlos den Barbaren entgegenstelle.

Am nächsten Tage schickten die Feinde Gesandte zu Friedensverhandlungen und ergaben sich mit Hab und Gut. Zweifellos war dieser Sieg dem heiligen Mann zu verdanken. Die Gnade verhütete, daß er sich wehrlos zum Kampf stellen mußte. Gott hätte in seiner Güte seinen Streiter freilich auch inmitten der feindlichen Schwerter und Geschosse unversehrt erhalten können. Aber um das Auge des Heiligen auch nicht durch den Tod anderer zu verletzen, ließ Gott es nicht zum Kampf kommen.

Wenn die Feinde sich ohne Blutvergießen unterwarfen und so kein Menschenleben verlorenging, so hatte Christus es nicht notwendig, für seinen Streiter einen anderen Sieg zu wirken.

vita martini 9

Ungefähr zur selben Zeit wurde er auf den bischöflichen Stuhl von Tours verlangt. Allein es war kein Leichtes, ihn seinem Kloster zu entreißen.

Rusticius, einer der Bürger, warf sich ihm daher bittend zu Füßen; er gab vor, seine Frau sei krank. So vermochte er ihn zum Fortgehen zu bewegen. Scharen von Bürgern hatten sich unterwegs aufgestellt; wie unter Ehrengeleite wurde Martinus so nach der Stadt geführt. Eine unglaublich große Menge hatte sich aus dieser Stadt wie auch aus den benachbarten Ortschaften zur Bischofswahl eingefunden. Ein Verlangen, ein Wunsch, eine Überzeugung beseelte sie alle, Martinus verdiene am meisten die bischöfliche Würde; glücklich sei die Kirche, die einen solchen Oberhirten erhalte. Doch einige Laien und besonders mehrere Bischöfe, die zur Einsetzung des Oberhirten herbeigerufen waren, widersetzten sich gewissenlos.

Sie sagten, Martinus sei eine verächtliche Persönlichkeit, der bischöflichen Würde sei nicht wert ein Mann von so unansehnlichem Äußern, mit so armseligen Kleidern und ungepflegtem Haar. Indes das Volk bekundete gesünderen Sinn und lachte über ihre Torheit; denn während jene einen Tadel gegen den ruhmwürdigen Mann aussprechen wollten, verkündeten sie ja doch nur sein Lob. Sie konnten nichts anderes bewirken, als was das Volk nach dem Willen Gottes im Sinn hatte. [...]

Im folgenden beschreibt Sulpicius, als großer Bewunderer Martins, die Ereignisse im Streit um die Priszillianer, einer in Spanien entstandenen, asketischen Gemeinschaft von Christen. Martin sucht eine gewaltlose Lösung des Konflikts, scheitert aber, denn nach seiner Abreise setzte sich doch Ithacius durch:

Sulpicius Severus, Dialoge III, 11-13

Ich komme zu einem Ereignis, das Martinus wegen der damaligen traurigen Zustände immer verheimlichte, aber vor uns nicht verbergen konnte. Bei dieser Erzählung ist das wunderbar, daß ein Engel mit ihm von Angesicht zu Angesicht redete. Der Kaiser Maximus war sonst sicherlich ein guter Mann, aber Bischöfe hatten ihn durch ihre Ratschläge auf verkehrte Wege gebracht. Nach der Hinrichtung des Priszillian schützte er den Ankläger des Priszillian, den Bischof Ithacius, samt dessen Gesinnungsgenossen, die ich nicht zu nennen brauche, mit seinem kaiserlichen Arme. So sollte diesem niemand das Verbrechen zur Last legen können, daß auf sein Betreiben hin ein Mann von solchem Rufe verurteilt worden sei. Unterdessen nötigten viele schwere Anliegen von andern Bedrängten Martinus, zu Hof zu gehen. Er kam da mitten in den Sturm des ganzen Unwetters.
Die in Trier versammelten Bischöfe verweilten dort längere Zeit; sie verkehrten täglich mit Ithacius und machten gemeinschaftliche Sache miteinander. […]
Anderen Tages ging er [* Martin *] in den Palast. Unter vielen anderen Bitten, deren Aufzählung zu weit führen würde, wollte er folgendes dem Kaiser vortragen: er wolle um Gnade bitten für den Comes Narses und den Präses Leucadius. Beide waren Anhänger Gratians gewesen und hatten durch ihre leidenschaftliche Parteinahme den Zorn des Siegers auf sich geladen, was ich jetzt nicht weiter ausführen kann. Vor allem wolle er darum bitten, daß keine Beamten mit der Befugnis über Leben und Tod nach Spanien geschickt werden sollten. Martinus nämlich war in seiner Liebe ängstlich dafür besorgt, nicht bloß die Christen, die bei dieser Gelegenheit zu leiden hatten, sondern auch die Häretiker zu befreien. Allein am ersten und am folgenden Tag hielt der schlaue Kaiser den heiligen Mann hin, sei es um der Angelegenheit mehr Gewicht zu verleihen, sei es weil er seinen hartnäckigen Gegnern nicht verzeihen wollte, sei es weil er, wie die

meisten damals annahmen, aus Habsucht widerstand, da ihn nach ihren Besitzungen gelüstete.

[…]

Zunächst ließ er [* der Kaiser *] ihn ganz im Geheimen kommen und redete ihm freundlich zu: Die Häretiker seien mit Recht verurteilt worden, mehr durch das hergebrachte, öffentliche Gerichtsverfahren, als infolge der feindseligen Haltung der Bischöfe. Martinus habe keinen Grund, ein Zusammengehen mit Ithacius und dessen Anhängern zu verdammen; Theognitus habe mehr aus Haß denn aus wohlberechtigtem Grunde das Zerwürfnis herbeigeführt; er sei auch der einzige, der inzwischen die Gemeinschaft aufgegeben habe; die übrigen hätten keine Änderung eintreten lassen. Ja, wenige Tage vorher hatte sich die Synode dahin ausgesprochen, Ithacius sei ohne Schuld. Diese Gründe machten auf Martinus wenig Eindruck. Da entbrannte der Kaiser in heftigem Zorn; er ließ Martinus stehen und ging rasch davon. Darauf wurden die Häscher ausgesandt nach denen, für die Martinus Fürbitte eingelegt hatte. Sobald Martinus das erfahren hatte, eilte er noch zur Nachtzeit rasch in den Palast. Er versprach, die Gemeinschaft wieder aufzunehmen für den Fall, daß Schonung gewährt würde und auch die Tribunen zurückgerufen würden, die schon nach Spanien zum Verderben der dortigen Kirchengemeinden abgegangen waren. Maximus gewährte unverzüglich alles.

Auf den folgenden Tag war die Weihe des Bischofs Felix anberaumt. Dieser wahrhaft heilige Mann hätte verdient, in besseren Zeiten Bischof zu werden. An diesem Tage trat Martinus in Gemeinschaft mit den Bischöfen; er hielt es für besser, für kurze Zeit nachzugeben, als die ihrem Schicksal zu überlassen, über deren Nacken schon das Schwert schwebte. Indes, so sehr auch die Bischöfe in ihn drangen, jene Gemeinschaft mit seiner Unterschrift zu bekräftigen, hierzu ließ er sich nicht bewegen. Anderen Tages brach er rasch auf. Während der Heimreise seufzte er voll Betrübnis darüber, daß er, wenn auch nur kurze Zeit, sich in so eine verderbliche Gemeinschaft eingelassen habe.

[…]

Sechzehn Jahre lebte er noch nachher; er nahm an keiner Synode mehr teil und hielt sich von jeder Zusammenkunft der Bischöfe fern.[37]

3.10 I Der Hl. Victrix, Bischof von Rouen

Victrix war ein Zeitgenosse des Martin von Tours und stand in engem Kontakt mit Paulinus von Nola, dessen Briefe eine der wenigen Quellen über Victrix sind.

Er war Soldat im römischen Heer und verweigerte den Kriegsdienst vor der ganzen Truppe, als er Christ wurde. Nachdem er Folterungen über sich ergehen ließ und bei seiner beabsichtigten Hinrichtung, so Paulinus, wundersame Dinge geschahen, konnte Victrix einer Verurteilung entgehen und wurde entlassen. Auch hier wird deutlich, daß es auch lange nach der Konstantinischen Wende Christen gab, die den weltlichen Kriegsdienst für unvereinbar mit dem Christsein hielten.

Seit 386 n. Chr. war Victrix Bischof von Rouen [* im heutigen Frankreich *]. Er traf mit Martin und Paulinus zusammen, reiste nach Britannien und 403 nach Rom. Seine Schriften sind bis auf eine, in der er die heilsamen Eigenschaften der Reliquien preist (*de laude sanctorum*), verloren. Er starb wahrscheinlich 407 n. Chr. Sein Namenstag ist der 7. August. Im folgenden Brief schreibt Paulinus von Nola (um 400) im Stil seiner Zeit an Victrix:[38]

Paulinus von Nola, Epistola XVIII, 7

[...]
7. Aber auf welchen Wegen hat dich [* Gott *] zur Wahrheit geführt? Um dich durch weltliche Dienste auf deine geistlichen Aufgaben vorzubereiten, hat er [* Gott *] dich anfangs Soldat werden lassen und hat dich dann später zum Priester erwählt. Er hat es dir gestattet, für den Kaiser zu kämpfen, damit du es

---

[37] Alle Texte aus: SULPICIUS SEVERUS, *Schriften des Sulpicius Severus über den Hl. Martin von Tours*; BKV 20 (Kempten/München 1914).
[38] BROUETTE, E.: *Victricius*, in: LThK 10 (Freiburg ²1965), Sp. 777.

lernst, für Gott zu kämpfen. Es war seine Absicht, daß du dich durch Erprobung deiner Körperkraft bei den Arbeiten in den Militärlagern festigen solltest für die geistlichen Kämpfe, daß die Seele stark werde zum Bekennen und der Leib abgehärtet zum Ertragen der Leiden.

Worin der unermeßliche Plan der göttlichen Vorsehung für dich bestand, das haben später dein Abschied aus dem Militärdienst und dein Hineinwachsen in den Glauben gelehrt. Als die erste Liebe zu Christus entbrannte, da du dich selbst dem Herrn zuordnetest und ihm seinen Aufzug bereitet hast, bist du an dem besonderen Tage der militärischen Versammlung, welche du schon im Geiste verschmähtest, im Lager vorgetreten, umgürtet mit dem kriegerischen Schutz der Rüstung. Und während alle deinen sehr sorgfältigen Aufzug und deine schreckliche Rüstung bewunderten, hast du, nachdem du dem staunenden Heer den Rücken zuwandtest, vor den Füßen des gotteslästerlichen Tribunen die Soldateneide eingetauscht und die Waffen des Blutes von dir geworfen, damit du die Waffen des Friedens anlegst. Du hast es verachtet, mit dem Schwert bewaffnet zu werden, weil du von Christus bewaffnet wurdest.

Und sogleich brachte die Mißgunst der alten Schlange [*Teufel*] den Tribun in Wut. Gefoltert von Peitschenhieben und mit Knüppeln verprügelt, bist du gedemütigt, aber dennoch nicht besiegt worden, weil dich das Holz des Kreuzes stützte. Und bald wurde die Strafe für den Körper verdoppelt: Von spitzen Tonscherben zerfleischt, bedeckten riesige Wunden deinen Leib. Damals unterstützte dich liebevoll Christus, dessen Schoß dir ein Ruhebett und dessen rechte Hand dir ein Polster war. [...][39]

[39] Übersetzung soweit vorhanden nach: HORNUS, S. 144 mit Korrekturen, die andere Hälfte eigene Übersetzung; Text aus: PATROLOGIA LATINA (PL) 61 (Paris 1861), Sp. 237/243.

3.11 | Weitere Soldatenmärtyrer

Über NICANDER und MARCIANUS lesen wir: „Denn es stritten zwar die gedachten Helden unter den bewaffneten Kriegern dieser Welt; indessen begaben sie sich auch, mit den Waffen der wahren Gerechtigkeit verwahrt, nachdem sie alle Kriegsehre dieser Welt verlassen hatten, durch die Gnade Christi zur himmlischen Miliz. Und deshalb wurden sie auch sogleich, als ob sie wie Bösewichte gottlose Taten verübten, vor Gericht gefordert."[40] Es folgt die Aufforderung zum Opfer für die Götter, was verweigert wird, ein legendarischer Dialog und das Martyrium der beiden.

Auch hier war die Verehrung der Reliquien Anlaß der Schrift.[41] Zeit und Ort sind unbekannt.

TIPASIUS erlitt um 304 n. Chr. das Martyrium. Erst Soldat, dann „Eremit in Ostmauretanien, wurde er um 297 wieder einberufen" und „verweigerte als Christ die Annahme"[42] eines Geldgeschenkes am Tag vor der Schlacht: „… das Gold aus der Hand von Maximinian wollte er nicht annehmen und sagte, er sei ein Soldat Christi."[43] Als er erneut einberufen wird, sagt er: „Ich bin ein Soldat Christi, ich kann dir keinen Kriegsdienst leisten."[44]

Von FABIUS wird berichtet, daß er ebenfalls um 304 in Cäsarea das Martyrium erlitt. Das Motiv ‚niemand kann zwei Herren dienen' tritt hier nochmals im Gegensatz Kriegsdienst und Dienst für Christus hervor.[45]

SELEUCUS erlitt ebenfalls in der diokletianischen Verfolgung den Tod. Er war „ein Bekenner aus dem Heere. […] Er stammte aus dem Land der Kappadozier und hatte es unter der auserlesenen Jungmannschaft im Heere und unter denen, die römische Grade bekleideten, zu nicht geringem Range gebracht. An körperlicher Jugendkraft, an Größe und Stärke übertraf er bei weitem alle seine Mitsoldaten, so daß schon sein Äußeres allgemeines Staunen hervorrief und seine ganze Gestalt um ihrer Größe und Schönheit willen ver-

---

[40] RUINART: *Echte und ausgewählte Acten der ersten Martyrer*, Bd. VI, S. 390/399.

[41] A.a.O., S. 398 f.

[42] GORDINI, G.D.: *Tipasius*, in: LThK 10 (Freiburg ²1965), Sp. 203.

[43] *Passio S. Tipasii Veterani*, in: ANALECTA BOLLANDIANA IX (1890), S. 118.

[44] A.a.O., S. 121.

[45] *Passio S. Fabii Vexilliferi*, in: ANALECTA BOLLANDIANA IX (1890), S. 125.

diente Bewunderung fand. Er hatte sich bereits bei Beginn der Verfolgung in den Kämpfen um das Bekenntnis ausgezeichnet, indem er Geißelungen ertrug, hatte dann nach seinem Ausscheiden aus dem Heeresdienst sich der Nachfolge derer gewidmet, die den Übungen der christlichen Religion lebten, und sich wie ein Vater und Vormund als Hort und Helfer von verlassenen Waisen, hilflosen Witwen und der in Not und Elend Schmachtenden erwiesen. Begreiflich, daß er von dem Gotte, der an solchen Dingen ein größeres Wohlgefallen hat als an dem Duft und Blut der Schlachtopfer, der wunderbaren Berufung zum Martyrium gewürdigt wird."[46]

Seleucus hatte also den Kriegsdienst aufgegeben, um ein ‚christlicheres Leben' zu führen und wurde später (ähnlich Tarachus) während der großen Verfolgung unter Diokletian verhaftet und ermordet.

Die Soldatenmärtyrer DASIUS, CASSIAN, HIPPOLYT, SERGIUS und BACCHUS u. a.[47] können wir getrost in den Bereich der Legende verweisen. Immer geht es um die Weigerung der Soldaten, den Göttern zu opfern.

Ebenso ist die Existenz einer nur aus Christen bestehenden Legion[48] (legio fulminata) im Jahr 172 n. Chr. und der sogenannten thebäischen Legion[49] historisch nicht haltbar und an dieser Stelle zu vernachlässigen.

---

[46] EUSEBIUS: *Die Märtyrer in Palästina* XI, in: BKV 9 (Kempten / München 1913), S. 304 f.

[47] HORNUS, S. 127.

[48] HORNUS, S. 127f; die in diesem Heft dokumentierten Quellen machen deutlich, daß eine solche Legion allen bisherigen Kenntnissen der Zeit widerspricht. Erst ab dem 3. Jahrhundert gibt es – vereinzelt – Christen im Heer; es sind aber immer Soldaten, die Christen geworden sind, nie Christen, die Soldaten wurden (vgl. CANONES HIPPOLYTI).

[49] BERCHEM, D. van: *Thebäische Legion*, in: LThK 10 (Freiburg ²1965), Sp. 14.

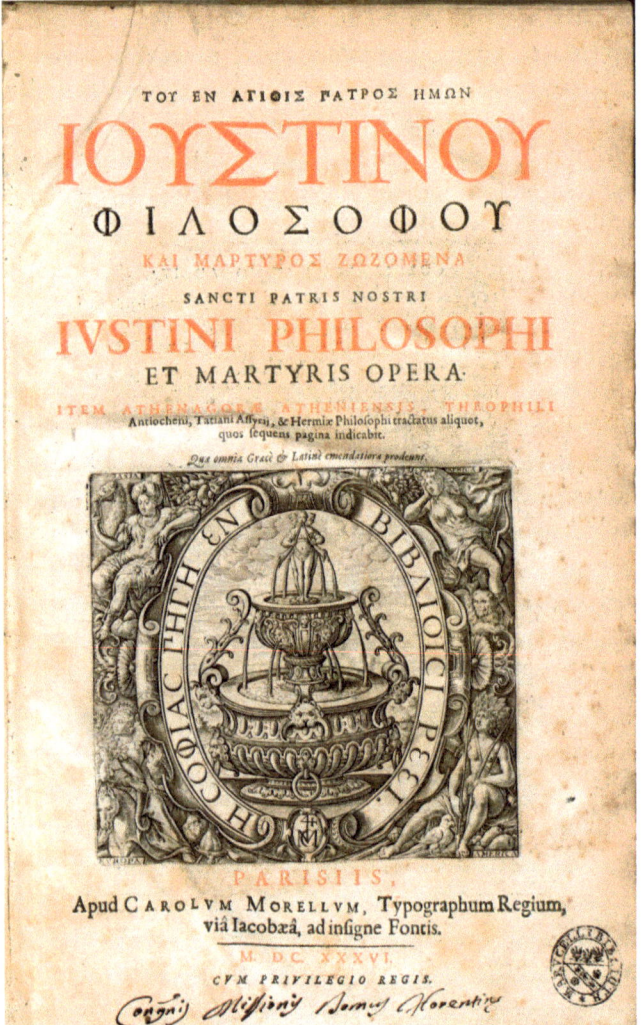

ΤΟΥ ΕΝ ΑΓΙΟΙΣ ΠΑΤΡΟΣ ΗΜΩΝ

ΙΟΥΣΤΙΝΟΥ
ΦΙΛΟΣΟΦΟΥ
ΚΑΙ ΜΑΡΤΥΡΟΣ ΣΩΖΟΜΕΝΑ

SANCTI PATRIS NOSTRI

IVSTINI PHILOSOPHI
ET MARTYRIS OPERA.

ITEM ATHENAGORÆ ATHENIENSIS, THEOPHILI
Antiocheni, Tatiani Affyrij, & Hermiæ Philosophi tractatus aliquot,
quos sequens pagina indicabit.

Quæ omnia Græcè & Latinè emendatiora prodeunt.

PARISIIS,
Apud Carolvm Morellvm, Typographum Regium,
viâ Iacobæâ, ad insigne Fontis.

M. DC. XXXVI.
CVM PRIVILEGIO REGIS.

Eine Ausgabe der Werke des frühchristlichen Apologeten
und Märtyrers Justin – erschienen im Jahr 1636
(https://commons.wikimedia.org)

4. | Kirchenväter für den Frieden

4.1 | Justin

Justin ist ein frühchristlicher Apologet. Er lebte bis 165 n. Chr. Über die griechische Philosophie kam er zum Christentum und unterhielt in Rom eine Philosophenschule. Dort schrieb er Verteidigungs- schriften gegenüber der heidnischen Umwelt, um zu zeigen, daß die Christen nicht Atheisten, sondern wahre Gottesfürchtige, nicht Staatsfeinde, sondern Förderer eines gerechten Staates sind.

In Bezug auf Gewalt und Krieg schreibt er darüber, was die Christen von den Heiden unterscheidet:[50]

Tryphon 110

Obwohl wir uns so gut auf Krieg, Mord und alles Böse verstan- den hatten, haben wir alle auf der weiten Erde unsere Kriegswaf- fen umgetauscht, die Schwerter in Pflugscharen, die Lanzen in Ackergeräte [*Micha 4, 3*] und züchten Gottesfurcht, Gerechtig- keit, Menschenfreundlichkeit, Glaube und Hoffnung, welche vom Vater selbst durch den Gekreuzigten gegeben ist. [...][51]

I. *Apologie* 14

... hassten und mordeten wir einander und hielten wir mit de- nen, die nicht unseres Stammes sind, wegen verschiedenen Stammesgewohnheiten nicht einmal Herdgemeinschaft, so leben wir jetzt nach Christi Erscheinen als Tischgenossen zusammen, beten für unsere Feinde und suchen die, welche uns mit Unrecht hassen, zu bereden, daß auch sie nach Christi schöne Weissagun- gen leben und guter Hoffnung seien, daß auch sie dieselben Gü- ter wie wir von dem allherrschenden Gott erlangen werden. [...][52]

---

[50] ALTANER, S. 65/71.
[51] Zitiert nach: JUSTIN: *Tryphon* 110,3, in: BKV 33 (Kempten/München 1917), S. 177.
[52] Zitiert nach: BKV 12 (Kempten/München 1913) S. 24.

I. Apologie 16

[* zu Mt 5 *] [...]
Wir dürfen also nicht Widerstand leisten, und er hat keineswegs
gewollt, daß wir es dem Bösen nachtun, er hat uns vielmehr er-
mahnt, durch Geduld und Sanftmut alle von der Schande und
von der Lust am Schlechten abzubringen. Das können wir auch
an Vielen, die früher bei euch waren, nachweisen: Sie haben ihr
gewalttätiges und herrisches Wesen abgelegt, ...[53]

I. Apologie 39

[...]
‚Von Sion wird ausgehen das Gesetz, und das Wort des Herrn
von Jerusalem, und er wird richten mitten unter Nationen und
viel Volk zurechtweisen; und sie werden ihre Schwerter zu
Pflugscharen und ihre Lanzen zu Sicheln umschmieden, und sie
werden nicht mehr Volk gegen Volk zum Schwerte greifen und
werden den Krieg verlernen.' [* Jes 2, 3 f *] Und daß das einge-
troffen ist, davon könnt ihr euch überzeugen; denn von Jerusalem gingen Männer aus in die Welt, zwölf an der Zahl, ganz un-
gebildet und der Rede nicht mächtig; aber durch die Kraft Gottes
haben sie dem ganzen Menschengeschlechte gezeigt, daß sie von
Christus gesandt waren, allen das Wort Gottes zu predigen.
Und wir, die wir einst einander mordeten, enthalten uns jetzt
nicht nur jeder Feindseligkeit gegen unsere Gegner, sondern wir
gehen, um nicht zu lügen und die Untersuchungsrichter nicht zu
täuschen, auch freudig für das Bekenntnis Christi in den Tod.
[...][54]

---

[53] Zitiert nach: A.a.O., S. 27.
[54] Zitiert nach: A.a.O., S. 51 f.

4.2 | Irenäus von Lyon

Irenäus stammte aus Kleinasien und war in Lyon erst Presbyter, später Bischof, als er sich mit den Irrlehren der Gnosis auseinandersetzte. Sein größtes Werk heißt: ‚*adversus haereses*‘. Im 4. Buch spricht er über die Erfüllung der Verheißungen der Propheten durch Christus. So sei auch die Vision des Jesaja von einer Zeit, wo ‚Schwerter zu Pflugscharen umgeschmiedet werden‘ nun Wirklichkeit geworden, da man ‚nicht mehr versteht zu kämpfen‘. Irenäus starb um 202 n. Chr.[55]

adversus haereses IV, 34,4

[…] Von der Ankunft des Herrn aber ging der Neue Bund, der zum Frieden führte, und das lebendigmachende Gesetz über die ganze Erde aus, wie die Propheten verkündet haben: ‚Von Sion nämlich wird das Gesetz ausgehen und das Wort des Herrn von Jerusalem und viel Volk überführen. Und umschmieden wird man die Schwerter zu Pflugscharen und die Lanzen in Sicheln, und nicht mehr werden sie lernen zu kämpfen‘ [* Jes 2,3 *]. Wenn also ein anderes Gesetz und Wort von Jerusalem ausgehen und so großen Frieden bei allen Völkern, die es aufnehmen, bewirken, und durch dieses viel Volk der Torheit überführen soll, dann müssen die Propheten offenbar von dem anderen gesprochen haben. Wenn aber das Gesetz der Freiheit, d. h. das Wort Gottes, von den Aposteln, die von Jerusalem ausgingen, auf der ganzen Erde verkündet wurde und eine so große Änderung bewirkt hat, daß es aus den kriegerischen Schwertern und Lanzen Pflugscharen und Sicheln gemacht hat, die es reichte zum Ernten, und wenn sie schon nicht mehr verstehen zu kämpfen, sondern ‚geschlagen die andere Backe hinhalten‘ [* Mt 5,39 *], dann haben die Propheten nicht von einem anderen gesprochen, sondern von dem, der es erreicht hat. Das aber ist unser Herr […].[56]

---

[55] ALTANER, S. 110/117.
[56] Zitiert nach: IRENÄUS, *adversus haereses*, in: BKV 4 (Kempten / München 1912) S. 118.

4.3 | Tatian

Tatian, ein Schüler des Justin, lebte erst in Rom, dann, ab 172 n. Chr. in Syrien und trat später den Enkratiten bei, einer Art asketischer Mönchsgemeinschaft.

Die ‚Rede an die Griechen' (*oratio ad graecos*) entstand nach 165 n. Chr. und vor dem Wechsel zu den Enkratiten. Tatian wendet sich an die gebildeten Griechen und will die Wahrheit des Christentums gegenüber dem griechischen Götterglauben aufzeigen. Im Gegensatz zur griechischen Ethik beschreibt Tatian die Haltung eines Christen:[57]

oratio ad graecos, XI

[…] Herrschen will ich nicht, nach Reichtum verlange ich nicht, militärische Würden lehne ich ab, Hurerei ist mir verhaßt, nicht begehre ich mit unersättlicher Gier, in ferne Länder zu segeln, um Siegerkränze kämpfe ich nicht, vom ungesunden Streben nach Ruhm bin ich frei, den Tod verachte ich, über jede Krankheit bin ich erhaben, keine Trauer verzehrt meine Seele. […][58]

4.4 | Tertullian – der Antimilitarist

Tertullian ist ein frühchristlicher Kirchenschriftsteller und Verteidiger des Christentums. Er lebte 160-220 n. Chr. in Nordafrika und wechselte später zu den Montanisten, einer Christengruppe, die in der nachfolgenden Zeit von der Kirche geächtet wurde.

Dennoch war Tertullian auch dann noch anerkannt (z. B. von Cyprian, Bischof von Karthago u. a.) und gibt uns daher ein Abbild der in der Kirche seiner Zeit geltenden Ansichten. Die folgenden zwei Schriften behandeln die Frage, ob Christen Soldaten werden

---

[57] ALTANER, S. 71/74.
[58] Zitiert nach: TATIAN, *oratio ad graecos*, in: BKV 12 (Kempten / München 1913) S. 210/211; Text in: OTTO, J. K. Th. (Hg.), Corpus Apologetarum Christianorum Saeculi Secundi, Vol VI (Paris 1851) S. 49/51.

dürfen. Die erste schrieb Tertullian 198/199 n. Chr., die zweite um 211 n. Chr.:[59]

de idolatria 19

Es könnte scheinen, als sei in den vorangehenden Kapiteln auch über den SOLDATENSTAND, welcher zwischen Würde und Macht in der Mitte steht, schon die Entscheidung gegeben. Allein es fragt sich gegenwärtig eben, ob Christen sich dem Soldatenstande zuwenden dürfen, ob Militärpersonen zum Christentum zugelassen werden können, und ob sich mit dem Glauben der Dienst der Gemeinen und der sämtlichen niederen Chargen vereinbaren lasse, welche nicht zu opfern brauchen und mit Urteilen über Leben und Tod nichts zu tun haben.

Es harmoniert nicht zusammen, unter dem Fahneneid Gottes und der Menschen, unter dem Feldzeichen Christi und des Teufels, im Lager des Lichts und in dem der Finsternis zu stehen, eine und dieselbe Seele kann nicht zweien verpflichtet sein, Christo und dem Teufel.

Zwar hat auch Moses, wenn wir uns auf Scherze einlassen wollen, einen Stab getragen, Aaron eine Spange, Johannes gürtete sich mit einem Riemen. Jesus Nave stand an der Spitze eines Heerhaufens und das Volk hat Krieg geführt. Wie aber wird der, dem der Herr das Schwert weggenommen hat, Krieg führen, ja auch nur zu Kriegszeiten ohne Schwert Soldat sein? Wenn auch Soldaten zu Johannes kamen und die Richtschnur für ihr Verhalten hinnahmen, wenn sogar ein Hauptmann gläubig wurde, so hat doch der Herr in der Entwaffnung des Petrus jedem Soldaten den Degen abgeschnallt. Keine Tracht, die ein Zubehör unerlaubter Handlungen ist, gilt bei uns als erlaubt.[60]

Es geht in den beiden folgenden Texten um die Frage, ob Soldaten Kränze tragen dürfen. Dies sind Kränze, die als Zeichen des Sieges und beim Empfang von Ehrungen getragen werden.

---

[59] ALTANER, S. 148/163; HORNUS, S. 121f; DIGNATH-DÜREN, S. 19.
[60] Zitiert nach: TERTULLIAN, *de idolatria*, in: BKV 7 (Kempten / München 1912), S. 168.

Zu Beginn seiner Schrift ,de corona' beschreibt Tertullian voller Sympathie das Bekenntnis eines Soldaten, der als Christ die Waffen niederlegte:

de corona 1

Kürzlich trug es sich zu, daß die von unsern erhabensten Kaisern bewilligte Geldspende im Lager zur Auszahlung kam. Die Soldaten traten mit Lorbeer bekränzt hinzu. Einer, mehr ein Soldat Gottes und standhafter als seine übrigen Kameraden, die sich vermaßen, zweien Herren dienen zu können, stach, als der einzige im bloßen Kopfe, den Kranz in der müßigen Hand, rühmlich von den andern ab, indem er schon in dieser Taktik den Christen kundgab. Einige zeigten auf ihn, die entfernteren lachen, die umstehenden knirschen, das Gemurre dringt zum Oberst, und schon war auch ein Offizier aus dem Gliede herausgetreten. ,Was soll diese abweichende Haltung?' fragte sofort der Oberst. Jener behauptet, er dürfe es nicht so machen wie die andern. Nach der Ursache befragt, antwortete er: ,Ich bin Christ.' – O, du in Gott ruhmreicher Krieger!
Daraufhin wird das Urteil gefällt, der Sache wird weitere Folge gegeben und der Schuldige zu den Oberbefehlshabern geführt. Sofort legte er den schweren Kriegsmantel ab – er machte mit der Losschälung den Anfang –, die lästigen Soldatenschuhe der gemeinen Soldaten band er von seinen Füssen los – er fing an, auf heiligem Lande sein Standquartier zu nehmen –, das Schwert, das ja zur Verteidigung des Herrn auch nicht notwendig war, gab er zurück, der Lorbeerkranz entsank seiner Hand, und nun, im roten Waffenrock seines Blutes, das er zu vergießen hofft, beschuht mit der Bereitschaft des Evangeliums, umgürtet mit dem Worte Gottes, welches schärfer ist, ganz gewaffnet nach der Anweisung des Apostels und schöner bekränzt durch die Anwartschaft des Martyriums, so erwartet er im Kerker die Spende Christi. [* Eph 6,15 *]
Da werden denn nun Urteile über ihn laut – ich weiß nicht einmal, waren es solche von Christen; denn die der Heiden klangen nicht anders. Er sei unbesonnen, voreilig und dränge sich zum Tode heran. Bloß in Betreff der Tracht befragt, habe er der ganzen

Konfession Ungelegenheiten bereitet, er, der allein unter so vielen christlichen Kameraden sich beherzte, er, der allein sich als Christ zeigte. Wahrhaftig, es fehlt weiter nichts mehr, als daß sie noch darauf ausgehen, auch das Martyrium abzuschaffen, sie, die die Prophetien desselben Hl. Geistes ja schon zurückgewiesen haben. Mit einem Wort, sie murren darüber, daß ihnen diese schöne und lange Friedenszeit in Gefahr kommt. Ich zweifle auch nicht daran, daß einige Leute – der Hl. Schrift gemäß – auswandern, ihre Bürde leicht machen und sich zur Flucht aus einer Stadt in die andere anschicken werden. Nur diese Stelle im Evangelium behalten sie nämlich im Gedächtnis [*Mt 10, 23 / 24, 16 *]. Ich kenne auch ihre Hirten; im Frieden sind sie Löwen, in der Schlacht Hasen. […][61]

Tertullian ist mit der Praxis konfrontiert, daß es christliche Soldaten gibt, die im Heer bleiben. In Kapitel 11 stellt er jedoch die Grundsatzfrage: ‚Darf ein Christ überhaupt Soldat werden?' Er kommt zu dem Ergebnis, daß dies keinesfalls erlaubt werden darf. Ist jemand jedoch Soldat und wird dann Christ, so bleibt ihm nichts anderes, als entweder seinen Abschied zu nehmen, sich durch Ausreden von allem Sündhaften fernzuhalten oder zuletzt den Märtyrertod in Kauf zu nehmen.

de corona 11

Um die Frage in Betreff des Soldatenkranzes in Angriff zu nehmen, so muß man, glaube ich, zuerst untersuchen, ob es sich überhaupt für einen Christen schicke, Soldat zu werden. Denn was hieße es, über Nebendinge zu verhandeln, wenn die Grundlage nicht in Ordnung ist?
Halten wir es für erlaubt, einen menschlichen Fahneneid auf den göttlichen [* Taufe *] zu setzen, uns noch einem andern Herrn nach Christus zuzugeloben und von Vater und Mutter und unserem Nächsten uns loszuschwören, die doch das Gesetz zu ehren und nächst Gott zu lieben vorschreibt [*Ex 20,12 / Lev 5,16*],

---

[61] Zitiert nach: TERTULLIAN, *de corona*, in: BKV 24 (Kempten / München 1916), S. 231/233.

und welche auch das Evangelium so sehr geehrt hat, sie bloß nicht höher stellend als Christum? [* Mt 10,37 *]

Wird es erlaubt sein, mit dem Schwerte zu hantieren, da der Herr den Ausspruch tut, „wer sich des Schwertes bedient, werde durch das Schwert umkommen"? [* Mt 26,52 *] Soll der Sohn des Friedens in der Schlacht mitwirken, er, für den sich nicht einmal das Prozessieren geziemt? Wird er Bande, Kerker, Foltern und Todesstrafen zum Vollzug bringen, er, der nicht einmal die ihm selber zugefügten Beleidigungen rächt? Wird er ferner für andere Stationen halten als für Christus, oder auch am Sonntage, an welchem Tage er sie nicht einmal für Christus hält? Wird er vor den Tempeln Wache stehen, denen er widersagt hat, da speisen, wo es der Apostel nicht gestattet? [* Kor 8,10 *] Wird er diejenigen, welche er am Tage durch Exorzismen vertreibt, bei Nacht beschützen, gestützt und ruhend auf der Lanze, womit die Seite Christi durchbohrt wurde? Wird er auch die Fahne tragen, diese Nebenbuhlerin Christi, und sich vom Feldherrn die Losung geben lassen, da er sie schon von Gott empfangen hat? Wird er nach seinem Tode von der Trompete der Spielleute aufgeschreckt, er, der darauf wartet, von der Posaune des Engels auferweckt zu werden? Wird auch der Christ soldatischem Herkommen gemäß verbrannt werden, er, dem das Verbrennen nicht erlaubt war, und dem Christus die verdiente Feuerstrafe nachgelassen hat.

Wie viele andere Übertretungen kann man noch in den Verrichtungen des Kriegslebens ausfindig machen, die einem Abfall gleichzustellen sind!

Schon daß er aus dem Heerlager des Lichtes zum Heerlager der Finsternis übergeht, ist eine Handlung der Fahnenflucht.

Allerdings bei solchen, die dem Soldatenstande schon angehörten und die Gnade des Glaubens nachher fanden, ist die Sache eine andere, wie z. B. auch bei denen, welche Johannes zur Taufe zuließ, wie bei jenen so gläubigen Hauptleuten, dem nämlich, welchen Christus lobte, und dem, welchen Petrus unterwies [* Mt 8,10 / Apg 10,1 ff *].

Trotzdem muß man nach Annahme des Glaubens und der Taufe entweder den Kriegsdienst sofort verlassen, wie viele auch wirklich getan haben, oder, um nichts, was auch durch den Soldatenstand nicht zu etwas Erlaubtem wird, tun zu müssen, alle möglichen Ausflüchte suchen, oder zuletzt für Gott das duldet, was in gleicher Weise der heidnische Glaube zudiktiert [* die Todesstrafe *]. [...][62]

Tertullian sieht in den Christen die Verwirklichung des Friedensreiches, das Jesaja ankündigte:

adversus judeorum 3,9

[...] Endlich verkündete Isaias auch, es werde aus diesem Hause Jakobs ein neues Gesetz hervorgehen, mit folgenden Worten: „Aus Sion wird ausgehen das Gesetz und das Wort Gottes aus Jerusalem, und er wird Gericht halten unter den Völkern, d. h. unter uns, die wir aus den Heiden berufen wurden, und sie werden umschmieden, heißt es, ihre Schwerter zu Pflügen und ihre Lanzen zu Sicheln und kein Volk wird mehr gegen das andere zum Schwerte greifen und sie werden das Kriegführen nicht mehr erlernen" [* Jes 2,3 f *].
Wer wird damit gemeint sein, wenn nicht wir, die wir, durch das neue Gesetz belehrt, alles dies beobachten, nachdem das alte Gesetz abgeschafft ist, dessen künftige Abschaffung die Tatsachen selbst kundtun. Das alte Gesetz behauptete sich durch Ahndung mit dem Schwerte, forderte Auge für Auge, und nahm Rache für Unbill. Das neue Gesetz aber hat Sanftmut verkündet, leitet das frühere Wüten und Toben mit Schwertern und Lanzen zu friedlicher Ruhe an und lenkt das frühere kriegerische, gegen die äußeren Feinde und Gegner gerichtete Treiben in die friedlichen Tätigkeiten des Pflügens und Ackerbauens hinüber. [...][63]

---

[62] Zitiert nach: A.a.O., S. 252/254.
[63] TERTULLIAN, *adversus judaeorum*, in: BKV 7 (Kempten/München 1912), S. 308f.

4.5 | Klemens von Alexandrien

Klemens war ein sehr belesener christlicher Gelehrter, der den christlichen Glaubensinhalt mit der herrschenden Philosophie seiner Zeit in Einklang bringen wollte. Er lebte von etwa 140/50 – 215 n. Chr.

Klemens äußert sich zum Thema Kriegsdienst indirekt an mehreren Stellen. Er spricht über die Gleichbehandlung von Mann und Frau. Auf den Einwand, die Männer müßten in den Krieg ziehen, die Frauen aber nicht, antwortet er:[64]

Stromateis VI, Kap. 8, 61, 23

Indessen müssen wir auch Mannhaftigkeit bewähren, wenn es gilt, die Gemütsruhe zu wahren und die Fähigkeit zum Ertragen zu zeigen, so daß wir dem, der uns auf die Backe schlägt, auch die andere hinhalten und dem, der uns den Mantel nimmt, auch den Rock überlassen [* Lk 6,29 *], indem wir die Neigung zum Zorn kraftvoll beherrschen.

Denn wir wollen die Frauen nicht zu einer Art Amazonen erziehen, die im Krieg tapfer wie Männer kämpften, da wir doch sogar bei den Männern wünschen, daß sie friedfertig sind.[65]

Im Gegensatz zum römischen Soldaten beschreibt Klemens die gewaltfreien Waffen des christlichen Heeres in Anlehnung an Eph 6, 14-17:

Protrepticus XI, 116, 2-4

Aber wenn die laut schmetternde Trompete durch den Schall Krieger zusammenruft und Krieg verkündigt, sollte da Christus, wenn er sein Friedenslied ‚bis an die Enden der Erde' [* Röm 10, 18 *] erschallen läßt, nicht seine friedfertigen Krieger versammeln?

---

[64] CAMELOT, P. Th.: *Klemens von Alexandrien*, in: LThK (Freiburg ²1961) Sp. 331 f; ALTANER, S. 190/197; BAINTON, S. 195 f.

[65] KLEMENS VON ALEXANDRIEN, *Stromateis*, in: BKV 2. Reihe IV (München 1937), S. 47, mit sprachlichen Korrekturen.

In der Tat, o Mensch, hat er sein Heer, das kein Blut vergießt, mit seinem Wort versammelt und ihnen das Himmelreich anvertraut. Die Trompete Christi ist sein Evangelium; er hat die Trompete ertönen lassen, wir haben es gehört.

Nun wollen wir uns mit den Waffen des Friedens rüsten, indem wir ‚den Panzer der Gerechtigkeit‘ anlegen und ‚den Schild des Glaubens‘ ergreifen und ‚den Helm des Heiles‘ aufsetzen; und wir wollen ‚das Schwert des Geistes, welches das Wort Gottes ist‘ schärfen [* Eph 6, 14-17 *].

So reiht uns der Apostel in das Friedensheer ein. Dies sind unsere unverwundbaren Waffen! Mit diesen ausgerüstet wollen wir uns zum Kampf gegen das Böse aufstellen; …[66]

4.6 | Traditio Apostolica des Hippolyt

Erst 1910 wurde dieses, um 215 n. Chr. entstandene Dokument der frühen Kirche, das den Ausgangspunkt für die kirchenrechtlichen Bestimmungen der folgenden Zeit bildete, wiederentdeckt. Es handelt sich bei den folgenden Texten daher nicht um die Meinung irgendeines Kirchenvaters, sondern um eine für die frühe Kirche verbindliche Bestimmung. Dies macht den besonderen Wert der ‚traditio apostolica‘ aus der daraus abgeleiteten Kirchenordnungen aus.

Hippolyt verteidigt die bisherigen Regelungen und teilt die zu seiner Zeit übliche Kirchenpraxis in Rom mit. Die Schrift enthält Vorschriften über die Ämter, die Liturgie und die Aufnahme von Gläubigen.[67]

In Abschnitt 16 werden die Bedingungen genannt, unter denen Taufbewerber zugelassen werden können. Die Frage wird so geregelt:

traditio apostolica 16

Ist ein Soldat im Dienst der weltlichen Obrigkeit, so darf er keinen Menschen töten. Wenn es befohlen wird, soll er die Sache

---

[66] KLEMENS VON ALEXANDRIEN, *Protrepticus*, in: BKV 2. Reihe VII, I (München 1934), S. 191/192, mit sprachlichen Korrekturen.
[67] ALTANER, S. 82/84 und 254/258. [Anm. d. Hg.: Forschungsstand überholt; 2024.]

nicht ausführen und auch keinen Schwur leisten.

Wenn er aber nicht will, soll er zurückgewiesen werden.

Wer die Schwertgewalt oder die Verwaltung einer Stadt innehat, wer den Purpur trägt, trete ab, oder man weise ihn zurück. Wenn ein Taufbewerber oder Gläubiger Soldat werden will, dann weise man ihn zurück, denn er hat Gott verachtet.[68]

Wir finden in späterer Zeit Kirchenordnungen, die sich an die ,traditio apostolica' anlehnen und ihre Bestimmungen übernehmen:

äthiopische Version

Einen Soldaten des Kaisers nehme man nicht auf. (Hat man ihn aber aufgenommen) und es wird ihm der Befehl zur Vollstreckung einer Hinrichtung erteilt, dann soll er dies nicht tun. Und wenn er nicht seinen Abschied nimmt, weise man ihn zurück. Wenn ein Taufbewerber oder ein Gläubiger Soldat ist, … oder ein Beamter, der das Schwert trägt, oder ein Vorgesetzter der Präfekten, oder er ist mit dem Purpur bekleidet, dann trete er ab oder man weise ihn zurück.[69]

canones hippolyti
(Ägypten, Mitte 4. Jahrhundert)

CANON 13: Diejenigen, die Vollmacht haben, Todesurteile auszusprechen, wie auch die Soldaten, sollen nicht töten; auch wenn ihnen dies befohlen würde, sollen sie keinen bösen Urteilsspruch fällen. Wenn sie eine Auszeichnung erhalten, sollen sie keine Krone auf ihrem Haupte tragen. Kommt einer zu hoher Machtstellung oder einer bedeutenden Amtswürde und bekleidet sich

---

[68] Die Übersetzung von Hornus scheint mir sehr frei: *Miles qui est in potestate non occidet hominem. Si iubetur, non exequetur rem, neque faciet iuramentum. Si autem non vult, reiciatur.* „Einem Soldaten, der seinen Dienst bei einem Statthalter verrichtet, sage man, daß er keine Hinrichtung vollziehe. Wenn er dazu den Befehl erhält, soll er ihn nicht befolgen. Geht er nicht darauf ein, so weise man ihn zurück." (HORNUS, S. 154) Ich habe daher den ersten Teil nach Botte selbst übersetzt, den zweiten nach Hornus, S. 154; BOTTE, Bernhard: La Tradition Apostolique = Source Chretiennes 11 (SC) (Paris 1968), S. 72.

[69] HORNUS, S. 155.

nicht mit der Gerechtigkeit des Evangeliums, so soll er aus der Herde ausgeschlossen werden, und der Bischof soll nicht mit ihm beten.

CANON 14: Es soll kein Christ Soldat werden, es sei denn, er würde dazu gezwungen von einem Offizier [* oder: Beamten *], der das Schwert trägt, (und in diesem Falle zumindest), daß er sich nicht mit der Schuld des Blutvergießens belade. [* Andere Übersetzungsmöglichkeit: Es soll kein Christ Soldat werden, es sei denn, er würde dazu gezwungen. Ein Offizier, der das Schwert trägt, soll nicht die Schuld des Blutvergießens auf sich laden. *]

Wer Blut vergossen hat, soll nicht am heiligen Abendmahl teilnehmen, solange er sich nicht durch Zeichen seiner Reue, durch Tränen und Seufzer gereinigt hat. Daß aber nur nicht der wahrgenommene Zustand von Täuschung begleitet sei, sondern daß der Mann in der Furcht Gottes stehe.[70]

testamentum domini nostri
(Syrien, 2. Hälfte 5. Jahrhundert)

Den Soldaten oder Beamten belehre man, daß sie niemanden unterdrücken, nicht töten, nicht stehlen, sich nicht erzürnen und nicht gegen irgendeinen sich hinreißen lassen. Sie sollen sich mit dem regulären Lohn begnügen, der ihnen gezahlt wird. Wenn sie aber danach verlangen, die Taufe im Namen des Herrn zu empfangen, dann sollen sie ihren Militärdienst oder ihre obrigkeitliche Stellung aufgeben. Wenn ein Taufbewerber oder ein Gläubiger Soldat werden will, so ändere er seinen Sinn oder man weise ihn zurück. Denn mit diese Absicht hat er Gott beleidigt, den Weg des Geistes verlassen, an den Dingen des Fleisches sein Gefallen gefunden und den Glauben verhöhnt.[71]

---

[70] HORNUS, S. 156.
[71] HORNUS, S. 155 f; Text nach RAHMANI, J. E. (Hg.): *Testamentum Domini Nostri* 11,2 (Mainz 1899), S. 114.

4.7 | Origenes – der Radikale

Origenes lebte von 185-253/54 n. Chr. Er war der angesehenste Theologe seiner Zeit und unterhielt in Cäsarea in Palästina eine große Bibliothek.

Auf Bitten seines Freundes und Förderers Ambrosius schrieb er um 248 eine Widerlegung gegen den Griechen Celsus, der im Jahre zuvor einen heftigen Angriff gegen das Christentum verfaßt hatte. Celsus war ein Kenner der Christen. Zum Kriegsdienst meint Celsus: ‚Wir sollten dem Kaiser beistehen mit aller Kraft, mit ihm für das uns abmühen, was recht ist, für ihn kämpfen und, wenn die Not es forderte, mit ihm ins Feld rücken und mit ihm seine Truppen anführen.' (*contra Celsum* VIII, 73)[72]

Celsus kannte anscheinend keine Christen, die Militärdienst leisteten! Er wirft den Christen vor, daß sie den Kriegsdienst verweigerten.

Origenes antwortet darauf nicht etwa damit, daß er sagt, Christen würden dennoch Militärdienst leisten, sondern er verteidigt die Christen, indem er sagt, daß das Gebet der Christen eine weitaus bessere Waffenrüstung und Hilfe für den Kaiser wäre.

Origenes kennt also ebenfalls keine Christen, die Militärdienst leisten! Er verbietet vielmehr den Soldatenstand für Christen! Zum Vorwurf des Celsus antwortet Origenes daher:[73]

contra Celsum VIII, 73

Darauf haben wir zu sagen, daß wir zu rechter Zeit den Herrschern ‚beistehen', und zwar sozusagen mit göttlicher Hilfe, da wir ‚die Waffenrüstung Gottes' anlegen. [* Eph 6, 11 *] Und dies tun wir, gehorsam dem Apostelwort, das so lautet: ‚Ich ermahne euch nun zuerst, zu vollziehen Bitten, Gebete, Fürbitten, Danksagungen für alle Menschen, für Könige und für alle Obrigkeiten' [* 1 Tim 2, 1 f *]. Und je frömmer jemand ist, um so mehr richtet er durch seine den Herrschern geleistete Hilfe aus, auch mehr als die Soldaten, die zur Feldschlacht ausziehen und so viele von den Feinden vernichten, als sie imstande sind.

---

[72] BKV 52 (München 1926), S. 212.
[73] ALTANER, S. 197/209.

Ferner könnten wir den Gegnern unseres Glaubens, die von uns verlangen, daß wir die Waffen für das allgemein Beste tragen und Feinde niedermachen sollen, auch diese Antwort geben: Eure eigenen Priester, die für gewisse Götterbilder zu sorgen haben, und die Tempeldiener derjenigen, die ihr für Götter haltet, dürfen der Opfer wegen ihre Rechte nicht beflecken, damit sie mit reinen Händen, an denen kein Menschenblut haftet, euren Göttern die herkömmlichen Opfer darbringen können; und wenn ein Krieg ausbricht, so macht ihr doch wohl nicht auch die Priester zu Soldaten.

Wenn dies nun mit gutem Grunde geschieht, um wieviel mehr wird es dann vernünftig sein, daß die Christen, während die andern zu Felde ziehen, als Priester und Diener Gottes an dem Feldzuge teilnehmen, indem sie ihre Hände rein bewahren und mit ihren an Gott gerichteten Gebeten für die gerechte Sache und deren Verteidiger und für den rechtmäßigen Herrscher zu kämpfen, damit alles vernichtet werde, was sich der guten Sache und ihren Verteidigern feindlich widersetzt! Wir vernichten aber mit unseren Gebeten auch alle Dämonen, welche die kriegerischen Unternehmungen anstiften und Eide brechen und den Frieden stören, und helfen dadurch den Herrschern mehr als die Personen, welche äußerlich zu Felde ziehen.

,Wir mühen uns' aber für die gemeinsamen Angelegenheiten ,ab', indem wir unsere Gebete, die wir nach Schuldigkeit Gott darbringen, mit Übungen und Betrachtungen verbinden, die uns lehren, die Vergnügungen zu verachten und uns von ihnen nicht fortreißen zu lassen.

,Wir kämpfen' sogar mehr (als andere) ,für den Kaiser'; und wenn wir auch nicht ,mit ihm ins Feld rücken', ,sobald die Not es fordert', so ziehen wir doch für ihn zu Felde, indem wir ein besonderes Kriegsheer der Frömmigkeit durch die an die Gottheit gerichteten Fürbitten zusammenbringen.[74]

An anderer Stelle wirft Celsus die Bemerkung ein:

---

[74] ORIGENES, *Contra Celsum* = BKV 53 (München 1927), S. 391/393.

„Handelten nämlich alle so wie du, so wird nichts im Wege stehen, daß er [* der Kaiser *] allein und einsam übrigbleibt, die Herrschaft auf Erden aber den gesetzlosesten und wildesten Barbaren zufällt und daß weder von deiner Gottesverehrung noch von der wahren Weisheit unter den Menschen ferner eine Kunde übrigbleibt." (*Contra Celsum* VIII, 68)[75]

Die Antwort des Origenes zeigt wiederum, daß die Christen (des Ostens) andere Wege gehen, als mit Waffengewalt den Kaiser zu schützen:

contra Celsum VIII, 68

[...] ‚Handelten nämlich', wie Celsus sagt, ‚alle so' wie wir, so werden natürlich auch ‚die Barbaren', die sich dem Wort Gottes zugewendet haben, ganz gesetzlich und gesittet sein. Dann wird auch alle andere Gottesverehrung aufgehoben werden, die christliche aber wird ‚allein' die Herrschaft haben; diese wird einst deshalb ‚allein' herrschen, da die christliche Lehre immerfort mehr Seelen gewinnt.

contra Celsum VIII, 70

Würden aber alle Römer, der Voraussetzung des Celsus entsprechend, den christlichen Glauben annehmen, so würden sie durch ihr Gebet den Sieg über ihre Feinde gewinnen oder überhaupt keine Feinde zu bekämpfen haben, beschützt von jener göttlichen Macht, welche verheißen hat, daß sie ‚um fünfzig Gerechter willen' fünf ganze Städte erhalten wolle. [...][76]

So muß auch Adolf von Harnack, der sich immerhin im 1. Weltkrieg als Kriegsprediger hervortat, um die Jahrhundertwende (1905) unumwunden zugeben: „Aber vom weltlichen Kriegsdienst will Origenes nichts wissen; er hält ihn für unerlaubt."[77] „Origenes .... Ver-

---

[75] A.a.O., S. 384.
[76] A.a.O., S. 385 u. 387.
[77] Adolf von Harnack, bekannter Theologe der Jahrhundertwende, tat sich im 1. Weltkrieg als haßerfüllter Kriegsprediger hervor: HARNACK, Adolf von: Aus der

bietet doch, wie Tertullian, den Christen den Soldatenstand überhaupt."[78]

An anderer Stelle schreibt Origenes:

contra Celsum V, 33

[...] Auf ,die Frage' aber des Celsus, ,woher wir kommen, oder
wen wir als Stifter haben', geben wir zur Antwort: Wir sind gekommen nach den Weisungen Jesu, um die geistigen ,Schwer-
ter', mit denen wir unsere Meinung verfochten und unsere Gegner angriffen, zusammenzuschlagen ,zu Pflugscharen', und ,die
Speere', derer wir uns früher im Kampf bedienten, umzuwan-
deln zu ,Sicheln'. [* Jes 2, 3 f *] Denn wir ergreifen nicht mehr ,das
Schwert gegen ein Volk', und wir lernen nicht mehr ,die Kriegs-
kunst', da wir ,Kinder des Friedens' [* Lk 10, 6 *] geworden sind
durch Jesus, der unser ,Führer' ist [* Apg 3, 15 *]. [...][79]

Celsus wirft den Christen vor, daß ihre Entstehung auf einen Auf-
stand gegen den jüdischen Staat zurückgeht:

contra Celsum III, 7

[...] Celsus und seine Gesinnungsgenossen werden keine ,auf-
rührerische Handlung' der Christen nachweisen können. Wenn
aber wirklich ,Empörung' die Ursache der Vereinigung für die
Christen wäre, ... so würde der Gesetzgeber der Christen die Tötung eines Menschen nicht schlechthin verbieten und lehren, das
gewaltsame Vorgehen seiner Jünger gegen einen Menschen,
wenn dieser auch der größte Bösewicht wäre, sei niemals gerecht. [* vgl. Mt 26, 52 *] Er glaubte nämlich nicht, daß es mit seiner göttlichen Gesetzgebung vereinbar sei, wenn er die Tötung
eines Menschen in irgendeiner Art zuließe.
Und andererseits würden die Christen, wenn sie einer ,Empö-
rung' ihren Ursprung verdankten, niemals so milde Gesetze angenommen haben, die es ihnen zur Pflicht machten, sich ,wie

---

Friedens- und Kriegsarbeit (Giessen 1916); HARNACK, S. 31.
[78] HARNACK, S. 70.
[79] ORIGENES, *Contra Celsum* = BKV 53 (München 1927), S. 50.

Schafe hinschlachten zu lassen' [* Ps 43, 23 *] und ihnen die Möglichkeit nahmen, sich gegen ihre Verfolger zu wehren. [...][80]

Origenes will den Erfolg der Gewaltlosigkeit an der bisherigen Geschichte der Christen belegen:

contra Celsum III, 8

[...] Über die Christen aber (ist zu sagen): Da sie die Lehre empfangen hatten, sich nicht gegen ihre Feinde zu verteidigen [* Mt 26, 52 *], so hielten sie auch an dieser milden und menschenfreundlichen Gesetzgebung fest.

Deshalb ist ihnen das von Gott zuteil geworden, was ihnen selbst, auch wenn sie sehr mächtig gewesen wären und die Erlaubnis, Krieg zu führen, gehabt hätten, versagt geblieben wäre.

Denn Gott führte immer für sie Krieg und machte jedesmal zur rechten Stunde die Pläne derer zuschanden, die sich gegen die Christen erhoben hatten und sie vernichten wollten.

Auf daß ein ermunterndes Vorbild nicht fehle und der Anblick einiger Glaubenszeugen Stärkung im Glauben und Verachtung des Todes in den Herzen wecke, hat im Laufe der Zeiten eine kleine Schar, die leicht zu zählen ist, um des christlichen Glaubens willen den Tod erlitten.

Die Vernichtung des ganzen Christenvolkes aber gab Gott nicht zu; denn er wollte, daß es fortbestehen und daß diese heilsame und fromme Lehre über die ganze Erde verbreitet werden sollte. [...][81]

---

[80] ORIGENES, *Contra Celsum* = BKV 52 (München 1926), S. 213.
[81] A.a.O., S. 214 f.

4.8 | Cyprian von Karthago

Als Bischof von Karthago in Nordafrika schrieb er viele Briefe und Schriften und gilt als einer der großen Kirchenväter. Besonders bemühte er sich während der Zeit der Verfolgung der Kirche, die Einheit zwischen allen Christen zu wahren. Er erlitt selbst 258 n. Chr. unter der Verfolgung Kaiser Valerians den Märtyrertod.

Die erste Schrift ist kurz nach der Bekehrung Cyprians zum Christentum (etwa 246/49) entstanden. Er hatte noch kein kirchliches Amt inne und berichtet seinem Studienfreund Donatus, inzwischen auch Christ, von seiner Bekehrung. Radikal verurteilt er das Treiben seiner heidnischen Umwelt:[82]

ad donatum 6

[...] Sieh nur, wie die Straßen von Wegelagerern versperrt, wie die Meere von Seeräubern besetzt und wie Kriege mit dem blutigen Greuel des Lagerlebens über alle Länder verbreitet sind! Es trieft die ganze Erde von gegenseitigem Blutvergießen; und begeht der Einzelne einen Mord, so ist es ein Verbrechen; Tapferkeit aber nennt man es, wenn das Morden im Namen des Staates geschieht. [...][83]

Dagegen setzt Cyprian in seiner kleinen Schrift ‚*de bono patientiae*' auf den Segen der Geduld, die den Christen gut ansteht. Er schrieb dies 256 n. Chr.

Im folgenden Text setzt Cyprian Ehebruch, Betrug und den mit dem Schwert (des Soldaten) begangenen Mord auf eine Stufe:

de bono patientiae 14

Die Geduld, geliebteste Brüder, bewahrt aber nicht nur das Gute, sondern sie vertreibt auch das Böse. [...]
Ehebruch. Betrug und Mord sind todeswürdige Verbrechen: Laßt nur starke und beständige Geduld im Herzen wohnen, so wird der geheiligte Leib und der Tempel Gottes weder durch

---

[82] ALTANER, S. 172/181.
[83] CYPRIAN, *ad donatum*, in: BKV 34 (Kempten/München 1918), S. 45.

Ehebruch befleckt, noch wird die der Gerechtigkeit geweihte Unschuld durch das Gift des Betruges angesteckt, noch auch die Hand durch Schwert und Blut besudelt, nachdem sie einmal die Eucharistie getragen [* empfangen *] hat.[84]

Die Güter der Erde sollen in der rechten Weise genutzt werden:

de habitu virginum 11

[...] Denn du versündigst dich schon dadurch gegen Gott, wenn du glaubst, er habe dir den Reichtum dazu verliehen, damit du ihn auf eine nicht heilsame Weise verwendest. Auch die Stimme hat ja Gott dem Menschen gegeben, und doch darf man keine buhlerischen und schändlichen Lieder singen, und das Eisen ist nach Gottes Willen zur Bebauung der Erde da, ohne daß deshalb Mordtaten damit verübt werden dürften. [...][85]

4.9 | Arnobius

Arnobius stammte aus Nordafrika und war ein angesehener Rhetoriklehrer in Sicca in Numidien. Vom Verfolger wurde er zum Verteidiger der Christen. In seiner Schrift *,adversus nationes'*, die zwischen 304 und 310 n. Chr. entstand, will Arnobius an einer Stelle zeigen, daß bei der Anwendung der christlichen Grundsätze Kriege unmöglich wären.[86]

adversus nationes I, 6

Es wäre unschwer der Beweis dafür zu erbringen, daß nach der Verkündigung Christi in dieser Welt diese Kriege – von denen ihr behauptet, daß sie das Ergebnis des Zornes gegen unsere Re-

---

[84] CYPRIAN, *de bono patientiae*, in: BKV 34 (Kempten/München 1916), S. 301/302; HORNUS, S. 180/6, stellt dar, daß das, was Cyprian, Tertullian u. a. unter ,patientia' verstanden, treffend mit ,Gewaltlosigkeit' übersetzt werden kann.

[85] CYPRIAN, *de habitu virginum*, in: BKV 34 (Kempten/München 1918), S. 71. [*Eisen*: also für Ackergeräte (Pflug), nicht für Rüstung (Schwert) zu nutzen; Anm. Hg.]

[86] ALTANER, S. 183/185.

ligion seien – nicht nur nicht zugenommen, sondern durch die Unterdrückung dieser rasenden Leidenschaften sogar in einem großen Umfang abgenommen haben.

Weil wir Anderen, die wir eine so zahlreiche Menschengruppe darstellen, durch seine Lehre und durch seine Gesetze es wirklich gelernt haben, daß man das Böse nicht mit Bösem erwidern darf, daß es besser ist, eine Ungerechtigkeit zu erdulden, als selbst eine zu vollbringen, und sein eigenes Blut zu vergießen, als seine Hände und sein Gewissen mit dem Blut des Nächsten zu beflecken, zieht die undankbare Welt schon seit langem Nutzen aus dem Handeln Christi. Durch ihn wurde der Wahnsinn dieser rohen Handlungen gedämpft, und man hat damit begonnen, seine Hände trotz aller Feindseligkeit ganz zurückzuziehen vom Vergießen des Blutes einer Kreatur, die derselben Familie angehört. Wenn nur alle diejenigen, die begreifen, daß sie Menschen sind nicht wegen der Form ihres Leibes, sondern auf Grund des Vermögens ihrer Vernunft, für einen Augenblick bereit gewesen wären, einzuhalten und auf seine heilsamen und friedlichen Gesetze zu hören, wenn sie nur bereit gewesen wären, Schluß zu machen mit ihrem Glauben, bisher dazu angestachelt durch ihren Hochmut und ihre Anmaßung, ihre eigenen Meinungen höher zu stellen als seine Befehle, dann hätte sich die ganze Welt schon längst des Eisens nur noch für die häuslichen Arbeiten bedient, hätte in der wunderbarsten Ruhe gelebt und wäre in einer heilsamen Eintracht vereint, ohne je die abgeschlossenen Verträge zu brechen.[87]

---

[87] ARNOBIUS, *adversus nationes* I,6; zitiert nach: HORNUS, S. 59.

4.10 | Lactanz – der Kriegsgegner

Lactanz lebte etwa von 250 bis 320 n. Chr., also zur Zeit der Konstantinischen Wende und war ein Schüler des Arnobius. Kaiser Diokletian berief ihn als Lehrer der Rhetorik in dessen neue Hauptstadt Nikomedien. Als er Christ wurde, legte er sein Amt nieder und
schrieb zwischen 304 und 313 eine Verteidigungsschrift des Christentums: die ‚*divinae institutiones*' (= göttliche Unterweisungen).

In Buch I will Lactanz aufweisen, wie falsch die alte Religion der
Griechen und Römer war. Krieg kann kein Weg zur Unsterblichkeit
sein:[88]

divinae institutiones I, 18,8-17

Aber wir, sind wir klüger?
Sie achten einen tugendhaften Athleten gering, weil er nicht un-
tergeht: Aber als königlich wird von ihnen bewundert, wer aus-
giebig zu schaden pflegt. Sie glauben, daß tapfere und kriegerische Führer in die Gemeinschaft der Götter aufgenommen werden.
Es gibt keinen anderen Weg zur Unsterblichkeit, als ein Heer zu
führen, Fremdes zu verwüsten, Städte zu zerstören, Ortschaften
auszulöschen und das freie Volk entweder niederzumetzeln
oder in die Sklaverei zu zwingen. Es ist offensichtlich: Wo viele
Menschen niedergeschmettert, ausgeplündert und erschlagen
werden, dort halten sie sich für ehrbar und aufrichtig. Gefangen
von leerem Ruhm geben sie ihrem Frevel den Namen der Tugend.
Ich wollte nämlich, daß sie sich Götter durch das Schlachten wil-
der Tiere machten, als daß sie so blutbesudelte Unsterblichkeit
zu erreichen suchten. Wenn jemand einen Menschen erstochen
hat, dann wird dies für eine schuldbeladene Freveltat gehalten,
und sie glauben nicht, daß es richtig ist, daß er Zutritt zur irdischen Wohnstatt der Götter [* Tempel *] hat. Jener aber, der un-
endlich viele tausend Menschen hingeschlachtet hat, daß die

---

[88] MARTIN, J., *Lactantius*, in: LThK 6 (Freiburg ²1961) Sp. 726/728; ALTANER, S. 185/
188; CADOUX, S. 55.

Flüsse gefärbt sind, für den sei der Zutritt nicht nur in den Tempel, sondern auch in den Himmel gestattet. [...]
Wenn dies die Tugend ist, die uns unsterblich macht, so will ich lieber sterben, als das Verderben für möglichst viele sein. [...][89]

In Buch VI, dem bedeutendsten Teil seines Werkes, spricht er über die rechte Art der Gottesverehrung. Er grenzt die Haltung der Christen, deren Handeln von der Hoffnung auf das kommende Gottesreich bestimmt ist, ab vom ‚heidnischen Leben' seiner Zeit:

divinae institutiones VI, 20,15-17

Wenn Gott das Töten verbietet, so untersagt er uns nicht bloß, Raubüberfällen nachzugehen, was ja auch nach dem bürgerlichen Gesetz nicht erlaubt ist. Sondern er warnt auch davor, daß nicht Dinge begangen werden, die bei den Menschen für rechtmäßig gelten. Den Militärdienst in üblicher Weise abzuleisten ist einem Menschen nicht möglich, dessen Dienst in der Ausübung der Gerechtigkeit besteht; ebensowenig darf man irgendwen eines Verbrechens beschuldigen, das die Todesstrafe nach sich zieht.
Denn es macht keinen Unterschied, ob man mit dem Wort oder mit dem Schwert tötet, da ja das Faktum des Tötens an sich verboten ist.
Das heißt also, daß es von dieser Anordnung Gottes keinerlei Ausnahme gibt.
Es ist allezeit verboten, einen Menschen zu töten, weil Gott gewollt hat, daß der Mensch ein unverletzliches Lebewesen sei.[90]

Lactanz fordert die Abkehr von nationalen Grenzen, die für ihn eine Hauptursache für Kriege sind. Man kann nicht, so meint er, um das

---

[89] Eigene Übersetzung nach: LACTANTI, *Opera Omnia* = Patrologia Latina (PL) 7 (Paris 1844) Sp. 211 f.
[90] Übersetzung nach HORNUS, S. 116, außer Zeile 5-7: Dies ist eine eigene Übersetzung. Hornus schreibt hier: ‚So kann billigerweise dem Kriegsdienst nicht Folge geleistet werden, wiewohl er für rechtmäßig angesehen wird'; dies ist eine sehr freie Übersetzung des: *„Ita neque militare justo licebit, cuius militia est ipsa iustitia".*

Gute zu tun, schlechte Mittel einsetzen, denn sie verunreinigen das Herz der Menschen.

divinae institutiones VI, 6,18-24

Denn worin liegen die Interessen unseres Landes sonst als darin, einem anderen Staat oder einem anderen Gebiet zu schaden? In Wahrheit geht es doch darum, die eigenen Grenzen zu erweitern, indem man anderen mit Gewalt ihr Land entreißt, die Macht des Staates zu vergrößern und seine Einkünfte zu vermehren sucht – alles Dinge, die man nicht als Tugenden bezeichnen kann, sondern im Gegenteil nur als das Verderben jeder Tugend. Denn die Eintracht unter den Menschen in der Gesellschaft, die Unschuld und die Achtung vor dem Eigentum des Nächsten schwinden als erstes.

Dann entschwindet die Gerechtigkeit selbst, denn sie kann nicht mit ansehen, wie das Menschengeschlecht in Stücke gerissen wird.

Überall, wo die Waffen sich Geltung verschafft haben, ist die Gerechtigkeit ausgelöscht und verbannt. [...]

Wie könnte der Mensch gerecht sein, der Böses tut, dessen Herz erfüllt ist von Haß, der plündert und mordet? Und doch werden alle diese Dinge vollbracht von denen, die vorgeben, ihrem Lande zu dienen.[91]

———

Schon kurz nach der ‚Wende‘ (313 n. Chr.) erschien eine Kurzfassung der ‚*divinae institutiones*‘. Lactanz war bemüht, die neuen Verhältnisse um so glanzvoller zu schildern. Waren die Christen vorher als Minderheit zeitweiligen Verfolgungen ausgesetzt, so hören wir nun die Begeisterung heraus, mit der Lactanz – jetzt am Hofe von Kaiser Konstantin – die neue Zeit beschreibt.

Ist das Reich Gottes nun in der Welt angebrochen?

---

[91] HORNUS, S. 114 f.

Die Freude ist so groß, daß man getrost von einer gewissen Blindheit gegenüber den Realitäten sprechen kann. Lactanz kann nun nicht mehr das Leben seiner Zeit so angreifen, wie er es vorher getan hat, da nicht mehr die ‚Heiden', sondern die Christen das Ruder übernommen haben. Daher äußert er sich viel vorsichtiger:

Epitome 56

[...] Wie die Tapferkeit im Kampfe *für* das Vaterland ein Gut, und im Kampfe *gegen* das Vaterland ein Übel ist, so werden auch diese Triebe bei der Anwendung für gute Zwecke zu Tugenden, beim Mißbrauch für schlechte Dinge zu Lastern. [...][92]

Epitome 59

Ein altes Gebot lautet: Du sollst nicht töten. Dies ist aber nicht so zu verstehen, als bräuchten wir bloß die Hand vom Morde, den auch die öffentlichen Gesetze strafen, zurückzuhalten; auf Grund dieses Verbotes darf man auch niemand durch Aussage in Gefahr des Todes bringen, darf man kein Kind töten oder aussetzen, darf auch sich selbst nicht freiwillig zum Tode verurteilen. [...][93]

---

[92] LACTANTIUS, *Auszüge aus den göttlichen Unterweisungen*, in: BKV 36 (Kempten / München 1916) S. 198; die Kursivsetzungen sind hinzugefügt.
[93] A.a.O., S. 202.

4.11 | Die Synode von Arles

314 n. Chr. berief Kaiser Konstantin eine Synode in Arles zusammen, um den Donatistenstreit zu regeln. Dazu stellte er den Bischöfen die kaiserliche Post zur Verfügung und bezahlte sämtliche Aufenthalts- und Reisekosten. Silvester, Bischof von Rom, ließ sich entschuldigen. Die Initiative zu der Synode ging von Konstantin aus, der eine Verurteilung der Donatisten und Regelungen im Verhältnis Staat-Kirche erwartete. Von den 22 Canones der Synode ist der Canon 3 von besonderem Interesse. Galt vorher die Kriegsdienstverweigerung als konsequente Befolgung der Weisungen Christi, so wird sie nun ,im Frieden' unter Kirchenstrafe gestellt.[94]

Canon III, *Synode von Arles*

Die im Frieden ihre Waffen hinwerfen,
sind zu exkommunizieren:
Von denjenigen, die im Frieden ihre Waffen hinwerfen,
hat man beschlossen, sie von der Kommunion auszuschließen.[95]

---

[94] LIETZMANN, Hans: *Geschichte der Alten Kirche* III (Berlin ²1953) S. 74 f.

[95] Übersetzung nach HEFELE, Carl Joseph von: Conciliengeschichte I (Freiburg 1873) S. 206: Can 3: *Ut qui in pace arma projiciunt, excommunicentur. De his qui armas projiciunt in pace, placuit abstineri eos a communione.*

4.12 | Basilius

Er lebte von 330 bis 379 n. Chr. Als Sohn eines angesehenen und begüterten Rhetors in Cäsarea erhielt er dort eine Rhetorenausbildung, empfing 356 die Taufe und lebte zurückgezogen als Mönch.

Ab 370 war er Bischof von Cäsarea. Von seinen über 300 Briefen entstammt der unten abgedruckte einem der drei wichtigsten kanonischen Briefen (Nr. 188, 199, 217), die Anweisungen zur Bußdisziplin geben.

Irrtümlicherweise meint Basilius, daß die Kirchenväter in früherer Zeit den Kriegsdienst nicht mit Mord gleichgestellt haben. Er selbst sieht eine klare Unvereinbarkeit von kriegerischem Tun und Christsein, so daß er einen mehrjährigen Ausschluß für ehemalige Soldaten von der Eucharistie fordert.[96]

Psalmenhomilie 61,4

Viele rühmen sich der Tüchtigkeit, die sie im Kampfe bewiesen haben. So weit treiben sie es, daß sie sich gar des Mordes an ihren Brüdern rühmen. Denn der Mut des Soldaten und die Siegestore, die ein Feldherr oder eine Stadt errichtet, sie künden nur von dem gewaltigen Ausmaß des Mordens.[97]

Epistula 188

[…]

8. KANON | Wer im Zorne gegen seine Frau zum Beil gegriffen hat, ist ein Mörder. Mit Recht und deiner Einsicht entsprechend hast du mich daran erinnert, darüber ausführlicher zu reden, weil man bei freiwilligen und unfreiwilligen Handlungen viele Unterscheidungen zu machen hat. So ist es ganz unfreiwillig und unbeabsichtigt, wenn jemand mit einem Steine nach einem Hunde oder Baume wirft, dabei aber einen Menschen trifft. Die Absicht war ja hier, das Tier abzuwehren oder die Frucht herabzuwerfen. Nun kam aber der Betroffene beim Vorbeigehen zufällig in die Wurflinie; solcher Vorfall ist daher unfreiwillig.

---

[96] ALTANER, S. 290 f.
[97] HORNUS, S. 158.

Nicht freiwillig ist auch, wenn jemand einen züchtigen will und ihn mit einem Riemen oder nicht harten Stabe schlägt, der Geschlagene aber stirbt. Denn hier kommt es auf die Absicht an, mit der er den Schuldigen bessern, nicht töten wollte. Unter die unfreiwilligen Handlungen gehört auch die Abwehr eines Mannes, der bei einem Streite mit einem Holzstück oder der Hand unnachsichtlich auf (lebens-)wichtige Körperteile den Schlag führt, um ihn so unschädlich zu machen, nicht um ihn zu töten. Doch nähert sich eine solche Tat schon einem freiwilligen Vergehen. Denn wer mit einem solchen Instrument sich zur Wehr setzt oder rücksichtslos den Schlag führt, der hat offenbar von der Leidenschaft sich mit fortreißen lassen, ohne des Menschen zu schonen. Desgleichen wird auch der unter die unfreiwilligen Missetäter gezählt, der zu einem schweren Holz gegriffen oder zu einem für Menschenkraft übergroßen Steine, da er etwas anderes vorgehabt, etwas anderes verübt hat. Im Zorne hat er einen solchen Schlag geführt, daß er den Geschlagenen tötete, obschon wohl seine Absicht nur war, ihn niederzuschlagen, nicht aber auch, ihn wirklich zu töten.

Wer aber zum Schwert oder zu derartiger Waffe greift, findet keine Entschuldigung, und besonders der nicht, der mit dem Beile geworfen. Ein solcher hat ja sichtlich mit der Hand geschlagen, so daß das Maß der Verletzung nicht von ihm abhing, vielmehr hat er geworfen, so daß infolge der Schwere des Eisens wie durch dessen Schärfe und Wurf aus der Ferne die Verletzung tödlich werden mußte.

Andererseits ist aber zweifelsohne ganz freiwillig, was von den Räubern und bei feindlichen Überfällen verübt wird. Diese morden ja des Geldes wegen und flüchten sich vor der Verantwortung.

Auch die, welche im Krieg auf Mord ausgehen, haben offenbar die Absicht nicht zu schrecken und zu strafen, sondern die Gegner umzubringen.

[…]

13. KANON. | Die Tötung im Krieg rechneten unsere Väter nicht unter den Mord. Meines Erachtens wollten sie dabei nachsichtig sein gegen die, die für Sitte und Glauben kämpften.

Vielleicht empfiehlt sich aber der Rat, daß sie mit ihrer unreinen Hand drei Jahre wenigstens der Kommunion fernbleiben sollten. [...][98]

4.13 | Paulinus von Nola

Paulinus von Nola lebte von 353 bis 431 n. Chr. Martin von Tours, Sulpicius Severus, Victrix von Rouen und Ambrosius von Mailand standen in engem Kontakt mit ihm.

Paulinus entstammte einer reichen Senatorenfamilie und verbrachte seine Jugend in Bordeaux. Dort erhielt er von Ausonius, Dichter, Rhetor und Lehrer an der Akademie in Bordeaux, Privatunterricht, was seine Neigung zur Poesie und Kunst förderte.

Durch Ambrosius lernte Paulinus das Christentum kennen. 385 heiratet er und lebt in Aquitanien als Großgrundbesitzer. Kurz danach empfängt er die Taufe.

Nach einer Reise durch Spanien verkauft Paulinus seine Besitztümer und sucht ein Leben nach mönchischen Idealen. In Barcelona wird er vom Volk, völlig überrascht, zum Priester geweiht. Paulinus wohnt fortan in Nola, einer kleinen Stadt bei Neapel in einer kleinen mönchsähnlichen Gemeinschaft.

Der folgende Brief (um 400 verfaßt) richtet sich an einen Crispinianus, dem Paulinus in ungewohnter Schärfe nahelegt, den weltlichen Kriegsdienst zugunsten des Dienstes für Gott zu verlassen. Dahinter steht das Ideal, daß die Menschen durch Verachtung irdischen Reichtums und ein Leben in Armut (ähnlich Martin von Tours) wahrhaft zu Gott finden können und Christus nachfolgen.

Ist das Leben des Paulinus auch durch Schlichtheit geprägt, so zeugt sein Briefstil vom Gegenteil schlichter Sprache: Seine Briefe sind „in dem durch Ausonius mitgeprägten Stil der Epoche, der lange Höflichkeitsformeln, künstliches Wortgeplänkel und ermüdende Detailschilderungen zuließ oder sogar erforderte", verfaßt.[99] Immer wieder werden militärische Bilder verwendet, die den weltli-

---

[98] BKV 46 (München 1925), S. 194 f u. 198 f.
[99] BÜRKE, Georg: *Das eine Notwendige* (Einsiedeln 1961), S. 13.

chen ‚Kriegsdienst' und den ‚Kriegs-Dienst' für Christus gegenüberstellen. Beides läßt sich, so Paulinus, nicht verbinden.[100]

Paulinus von Nola, Epistula XXV

Auch wenn du mich nicht von Angesicht kennst, so kenne doch ich dich im Herzen, weil mein geliebter Sohn *im Herrn* Viktor mir von deinem frommen Lebenswandel erzählt hat. So geschah es, daß ich den Abwesenden kennenlernte und begann, dich wie einen künftigen Gefährten in Christus zu lieben. Er berichtete mir, daß er im irdischen Waffendienst, in dem du jetzt noch stehst, dein Zeltgenosse und Kamerad war. Nun habe ich mir erlaubt, dir durch seine Vermittlung zu schreiben. Ich hoffe, daß du auf demselben Weg zum wahren Weg gelangen werdest; hast du doch ihn aus deinen Kameraden zu uns vorausgeschickt, den die Kirche als dein Pfand behält, um nach ihm *auch* dich aufzunehmen. Denn es gibt nichts, gesegneter Sohn, was jenem vorgezogen werden könnte oder dürfte, welcher ist der wahre Herr, der wahre Vater und der ewige Feldherr. Wem sollten wir mit mehr Berechtigung das Leben weihen als dem, von welchem wir es empfangen haben und welchem wir bis zum Ende dienen sollen, da wir durch seine Güte leben? Sind wir in der Welt in seinem Kriegsdienst gestanden, dann verdienen wir auch, zu ihm hinüberzugehen. Wenn wir aber mehr an der Welt hängen und lieber für den Kaiser als für Christus Waffendienst leisten, werden wir nachher nicht zu Christus, sondern in die Hölle kommen, wo der Fürst dieser Welt bestraft wird.
Darum dürfen wir weder Neigung noch Heimat, weder Ehren noch Reichtümer Gott vorziehen, weil so geschrieben steht: ‚Die Gestalt dieser Welt vergeht' [* 1 Kor 7,31 *]. Wer die Welt geliebt hat, wird mit ihr zugrunde gehen. Das bestätigt der Herr im Evangelium: ‚Wer Vater oder Mutter mehr liebt als mich, ist meiner nicht wert; und wer nicht sein Kreuz nimmt und mir nachfolgt, kann mein Jünger nicht sein' [* Mt 10,37 f *]. Über die irdischen Reichtümer, die sie als höchstes und notwendigstes Gut umfassen und lieben, redet er so: ‚Den Bösen werden die Schätze

---

[100] ALTANER, S. 409 f; siehe auch BÜRKE, A.a.O., S. 5/13.

nichts nützen, doch die Gerechtigkeit befreit vom Tode' [* Spr 10,2 *]. Und abermals durch den Propheten: ‚Vertrieben sind alle, die durch Gold und Silber erhöht waren' [* Soph 1,11 *]. Auch im Evangelium verurteilt er anklagend die Reichen: ‚Weh euch, ihr Reichen, ihr habt euren Trost; weh euch, ihr Satten, ihr werdet hungern; weh euch, die ihr jetzt lacht, ihr werdet klagen und weinen' [* Lk 6,24 f *].

Liebt also nicht mehr länger diese Welt noch ihren Waffendienst, denn nach der Lehre der Schrift ‚ist jeder, der ein Freund der Welt ist, Gottes Feind' [* Jak 4,4 *]; und wer mit dem Schwerte kämpft, ist ein Handlanger des Todes.

Wer aber sein Blut oder das anderer vergießt, der wird den Lohn des Kriegsdienstes empfangen. Entweder erleidet der Angeklagte den Tod oder er wird zum Verbrecher: denn es ist nötig, daß ein Soldat im Krieg, in dem er dennoch nicht so um sich als um den Anderen kämpft, entweder als Besiegter seinen Tod findet oder als Sieger einen Grund für den Tod hinzuerwirbt, weil er [ja *] nicht Sieger werden könnte, wenn er nicht vorher Blut vergossen hat.

Daher sagt der Herr: ‚Ihr könnt nicht zwei Herren dienen' [* Mt 6,24 *]. Aber weil dem einen Herrn gedient werden soll, ist es – so glaube ich – leicht zu unterscheiden, wem man eher dienen muß: Gott oder dem Mammon, Christus oder dem Kaiser, selbst wenn sich der Kaiser jetzt auch bemüht, ein Diener Christi zu sein, damit er würdig wird, König mancher Völker zu sein.

Zudem ist überhaupt kein irdischer König Herr der ganzen Erde. Christus ist aber Herr und König der ganzen Welt*, weil ‚alles durch ihn geschaffen ward und ohne ihn nichts geschaffen ist' [*Joh 1,3 *]. Er ist ‚der König der Könige und der Herr der Herrscher' [* Apk 17,14 *], ‚er tut zu Lande, auf dem Meer und in den Abgründen, was ihm gefällt' [* Ps 134,6 *]. Ihm wollen wir nachfolgen, ihm den Kriegsdienst leisten, der den für ihn Streitenden die Herrlichkeit des ewigen Lebens, die Ehre des Himmelsreiches, die Schätze seines Erbes und die immerwährende Gemeinschaft der Erkenntnis Gottes verleiht. Steht doch geschrieben: ‚Wer nach Gold jagt, bleibt nicht ohne Schuld' [* Jes Sir 31,5 *], ‚und wer nach irdischem Besitz trachtet, schwindet mit ihm dahin' [* Spr 11,28 *]. Davor fliehe also, mein Sohn, wie vor dem

Blick der Schlange und glaube an Christus, der im Evangelium zu allen Christen sagt: ‚Denn auch wenn einer Überfluß hat, beruht sein Leben nicht auf seinem Besitz' [*Lk 12,15 *].

Vielleicht aber locken dich das Vertrauen auf die Jugend, die Aussicht auf Ehrenstellen und der Erwerb von Reichtümern, und du meinst: ich bin noch zu jung und in dem Alter, Kriegsdienst zu leisten, zu heiraten und Kinder zu haben; später mag ich Gott dienen! – Darauf soll nicht ich, sondern der Herr antworten, der in den Propheten und Aposteln redet; und der Prophet sagt: ‚Zögere nicht, dich zum Herrn zu bekehren, und schieb es nicht auf von Tag zu Tag, damit nicht unvorhergesehen sein Zorn über dich komme' [* Jes Sir 5,7 *]. Im Evangelium aber zeigt er, mit welchem Eifer die Umkehr zu beschleunigen ist, da er spricht: ‚Von den Tagen des Johannes bis heute leidet das Himmelreich Gewalt, und die Gewalt brauchen, reißen es an sich' [* Mt 11,12*]. Diese Gewalt ist Gott angenehm, sie zerschlägt niemanden und ist keinem zum Schaden. Nach dieser Beute streck deine Hand aus, sie hat keine Schuld und bringt das Heil.

Und was liegt dir daran, für das Eintreiben des Kriegssoldes mit gewalttätigem Haß zu sorgen, wenn du vielleicht wegen deines Ansehens auch ein gemäßigter Eintreiber für die Schuldner sein könntest? Weil du ohne Haß auf irgend jemanden und mit Gottes Gnade gewalttätig sein könntest, um das Himmelreich an dich zu reißen, welches erduldet, von dir geraubt zu werden. Und Christus freut es, an sich gerissen zu werden, welcher im Übermaß seiner Liebe und Macht empfänglich ist zu schenken, was er besitzt und wiederzuerlangen, was er verschenkte.

Wenn er seinen Heiligen die Herrschaft in seinem Reiche übergeben hat, wird er herrschen in ihnen, die er als Miterben seines himmlischen Reiches aufgenommen hat. Denn es steht geschrieben, daß Gottes Reich mit den Heiligen bestehen werde und die Heiligen selbst Gottes Reich sein werden [* Apk 1,6 *]. Das wirst du erkennen und glaubend einsehen, wenn du dich, so Gott will, bekehrt haben wirst. Wer dürfte sich da wohl der Blüte seiner ersten Jugend rühmen? Mahnt doch die Heilige Schrift: ‚Alles Fleisch ist Gras und all seine Pracht wie die Blume des Feldes. Das Gras verdorrt, und die Blume welkt.' Doch das Wort des Herrn bleibt in Ewigkeit [* Jes 40,6 f*]. Darum sehnt sich auch der

Prophet mehr nach dem, worin die ewige Herrlichkeit des leben-
digen Leibes nach der Auferstehung fortdauern kann, und ruft:
,Wie lieblich sind deine Wohnungen, o Herr der Heerscharen!
Meine Seele sehnt sich und schmachtet nach den Vorhöfen des
Herrn' [* Ps 83,2 f *].

[...] Höre also, mein Sohn, neige mir dein Ohr und zerreiße all
deine Fesseln, die dich an die Welt gebunden halten. Vertausche
den irdischen Waffendienst mit etwas Besserem und fang an,
dem ewigen König zu dienen. Werde ein Nachfolger Christi, der
du jetzt, wie ich vernehme, ein Helfer und Schützer der Bürger
bist. Schließlich pflegt ihr in diesem Waffendienst jenes Standes-
versprechen abzulegen, wonach ihr Beschützer werden sollt.
Wenn du dich nun Gott weihst, wirst du bald Gott selbst zum
Beschützer haben. Siehe zu welchem Kriegsdienst ich dich als
Gefährten einlade, daß Gott dir sei, was du den Menschen sein
willst.
Wenn du dich entschließt, ihm nachzufolgen, wird das Ziel deines Waffendienstes nicht eine irdische und zeitliche, sondern die
ewige und himmlische Herrschaft sein.[101]

An anderer Stelle ist die Haltung von Paulinus deutlich zu erkennen: Er preist in einem Gedicht das Leben des Hl. Felix und ver-
gleicht in der folgenden alten Übersetzung Felix mit Hermias, dessen Bruder:

[...] Doch mit dem Bruder, Hermias genannt,
Theilend die irdischen Güter, erhielt nur himmlische Felix.
Denn es trennte die Brüder ein Spruch der leidigen Zwietracht.
Und es trieb in die Welt den Hermias, den Felix nahm Christus;
[...]
Ungleich wie dieß Brüderpaar des nämlichen Blutes,
strebt nach Irdischem, ..., Hermias.
Ein Gefangener der eitlen Welt, ward häßlich er, wählte
Sich das harte Feld des idumäischen Vaters [* Soldat *]

---

[101] Übersetzung nach: BÜRKE, S. 67/71; dort fehlende Stellen habe ich selbst übersetzt, sie sind mit * ... * gekennzeichnet; Text in: PAULINUS VON NOLA, Patrologia
Latina (PL) 61 (Paris 1861) Sp. 300/304.

Lebte vom eigenen Schwert, ertrug die vergebliche Mühsal
Kriegerischen Dienstes, und, fern von Christi lieblichem Dienste,
Unterlag er zuletzt des Cäsars siegenden Waffen.
Besser beraten, ergriff ...,
Mein Felix mit Muth die Waffen des ewigen Königs. [...][102]

4.14 | Augustinus und der ‚gerechte Krieg'

Augustinus lebte von 354 bis 430 n. Chr. und gilt als großer Kirchen-
lehrer. Unter dem Eindruck der Germaneneinfälle, insbesondere der
Plünderung Roms durch Alarich (410), überdenkt er erneut das
Problem der militärischen Verteidigung.

Mit Hilfe der antiken Philosophie entwickelt er die sogenannte
‚Lehre vom gerechten Krieg'. Unter folgenden Bedingungen hält er
Krieg für erlaubt:

– er muß den Frieden als Ziel haben,
– er muß sich gegen ein begangenes Unrecht richten,
– eine legitime Autorität muß den Krieg anordnen,
– die Kriegführung darf nicht gegen Gottes Weisungen versto-
  ßen.

Diese Lehre müssen wir zusammen mit seiner Theologie von den
‚beiden Staaten' sehen. Irdischer Friede kann durch Kriege gesi-
chert, himmlischer Friede im Gottesstaat gefunden werden. Augustinus lieferte damit die Theorie, die den Christen erlaubte, sich
in und mit der Welt zu arrangieren. Thomas von Aquin entwickelte
den ‚gerechten Krieg' zu einem Lehrsystem weiter. Sowohl die US-
amerikanischen Bischöfe als auch die Deutsche Bischofskonferenz
argumentieren heute [1982/1983] auf diesem Hintergrund.[103]

---

[102] Auch wenn die Sprache etwas altertümlich klingt, so trifft sie doch die poeti-
sche Form; zitiert nach RUINART: *Echte und ausgewählte Acten der ersten Martirer*,
Bd. IV, S. 33/35.

[103] CAMPENHAUSEN, H. von: *Augustinus*, in: Lateinische Kirchenväter (Stuttgart
³1972), S. 155/222; DEUTSCHE BISCHOFSKONFERENZ: *Gerechtigkeit schafft Frieden*
(Bonn 1983), S. 23/27; PAX CHRISTI (Hg.), *Die Herausforderung des Friedens: Gottes
Verheißung und unsere Antwort* = 2. Entwurf des Hirtenbriefes der Konferenz der
katholischen Bischöfe der USA zu Krieg und Frieden (Frankfurt 1982), S. 21/24.

An den Soldaten Bonifatius, der ihn um Rat fragt, schreibt Augustinus 418 n. Chr.:

Brief an Bonifatius, 4-6

Glaube nicht, daß niemand Gott gefallen könne, der Kriegsdienste leistet; leistete solche doch der heilige David, dem der Herr ein so herrliches Zeugnis gibt. Das gleiche taten sehr viele Gerechte in jener Zeit. Dies tat auch jener Hauptmann, der zu dem Herrn sprach: „Ich bin nicht würdig, daß du eingehest unter mein Dach, aber sprich nur ein Wort, so wird mein Knecht gesund. Denn auch ich bin ein Mann, der Obrigkeit unterworfen, und habe Kriegsleute unter mir; und wenn ich zu dem einen sage: ‚Komm‘, so kommt er, und zu meinem Knechte: ‚Tue das‘, so tut er es"; deshalb sagt auch der Herr von ihm: „Wahrlich, sage ich euch, solchen Glauben habe ich in Israel nicht gefunden." Dies tat auch jener Cornelius, zu dem ein Engel gesandt wurde, der zu ihm sprach: „Cornelius, dein Almosen hat dem Herrn wohlgefallen, und deine Gebete sind erhört worden"; dieser gab ihm auch die Weisung, zum heiligen Apostel Petrus zu senden, um von ihm zu vernehmen, was er tun solle. Er sandte hierauf gleichfalls einen gottesfürchtigen Kriegsmann zu dem heiligen Apostel, um ihn gleich zu sich zu rufen. So leisteten auch jene Kriegsdienste, die, um sich taufen zu lassen, zum heiligen Johannes, dem Vorläufer des Herrn, dem Freunde des Bräutigams, kamen, von dem der Herr selbst sagt: „Unter den vom Weibe Geborenen ist keiner größer als Johannes der Täufer". [* Mt 11,11 *] Als sie ihn fragten, was sie tun sollten, erwiderte er ihnen: „Tut niemandem Gewalt an, klagt niemanden falsch an, begnügt euch mit eurem Solde". [* Lk 3,14 *] Wenn er ihnen also gebot, mit ihrem Solde zufrieden zu sein, so hat er ihnen doch den Kriegsdienst nicht verboten.
Höher allerdings ist der Rang, den die bei Gott einnehmen, die all diese Weltdienste verlassen haben und ihm auch in vollkommener Enthaltsamkeit und Keuschheit dienen. Aber wie der Apostel sagt: „Jeder hat seine eigentümliche Gabe vom Herrn, der eine in dieser, der andere in anderer Weise". [* 1 Kor 7,7 *] Andere also kämpfen für euch gegen unsichtbare Feinde mit

dem Gebet, ihr kämpfet für sie mit dem Schwerte gegen die sichtbaren Barbaren. O daß doch in allen ein Glaube wäre! Denn dann hätte man weniger zu kämpfen, und es würde der Teufel mit seinen Engeln leichter überwunden! Weil es aber in diesem Leben notwendig ist, daß die Bürger des Himmelreiches unter Irrgläubigen und Gottlosen von Versuchungen geplagt werden, damit sie in der Tugend geübt und „gleich dem Gold im Schmelztiegel geprüft werden" [* Weish 3,6 *], so dürfen wir nicht vor der Zeit allein mit Heiligen und Gerechten leben wollen, damit dies zur rechten Zeit uns zuteil werde.

Wenn du dich also zur Schlacht rüstest, so bedenke vor allem, daß auch deine körperliche Kraft ein Geschenk Gottes ist. So wirst du dich daran erinnern, daß die Gabe Gottes nicht gegen Gott verwendet werden darf. Die versprochene Treue muß ja auch dem Feinde gehalten werden, gegen den man Krieg führt, wieviel mehr dem Freunde, für den man streitet! Der Wille muß den Frieden im Auge haben, der Krieg darf nur die Folge der Notwendigkeit sein; dann wird Gott von der Not uns befreien und im Frieden uns bewahren. Denn man sucht nicht den Frieden, damit Krieg entstehe, sondern man führt Krieg, damit der Friede erreicht werde. Sei also auch im Kriege friedfertig, so daß du durch deinen Sieg den Besiegten den Vorteil des Friedens verschaffest. Denn: „Selig die Friedfertigen", sagt der Herr, „denn sie werden Kinder Gottes genannt werden" [* Mt 5,9 *]. Wenn aber schon der Friede unter den Menschen so erfreulich ist wegen des zeitlichen Wohles der Sterblichen, um wieviel erfreulicher ist dann der Friede mit Gott wegen des ewigen Heils bei den Engeln!

Darum werde im Kampfe der Feind nur getötet aus Not, nicht aus freiem Willen. Wie man Gewalt anwenden muß, solange der Feind sich zur Wehr setzt, so gebührt dem Besiegten und Gefangenen Barmherzigkeit, besonders wenn von ihm keine Störung des Friedens zu befürchten steht.[104]

---

[104] AURELIUS AUGUSTINUS, Briefe XV, Nr. 189, *Brief an Bonifatius*, in: BKV 30 (Kempten/München 1917), S. 179/184.

Augustinus reduziert in seinem Psalmenkommentar die Kriegsdienstverweigerung der frühen Christen auf die Ablehnung des
Götzendienstes. Es dürfte klar geworden sein, daß dieses Motiv zu
kurz greift und nicht hinreichend ist. Um aber die Wandlung in Bezug auf den Kriegsdienst zu erklären, führt er als einziges Hindernis
den Götzendienst an. Die Tötung von Menschen, was für die frühe
Kirche entscheidend war, hat Augustinus nicht im Blick:

Erklärung der Psalmen, zu Psalm 124,7

Oft gelangen die Ungerechten zu weltlichen Ehren, wenn sie so
weit kommen, Richter oder Könige zu werden. Denn das tut Gott
um der Zucht seines Volkes willen. Da geht es nicht anders, als
daß ihnen die der Macht schuldige Ehre erwiesen werden muß.
Julian war ein untreuer Kaiser, war ein Abtrünniger, ein Frevler,
ein Götzendiener; aber christliche Soldaten dienten dem un-
treuen Kaiser.
Doch wo es um die Sache Christi ging, anerkannten sie nur den,
der im Himmel ist. Verlangte der Kaiser, daß sie die Götzen ehr-
ten, daß sie Weihrauch streuten, so zogen sie ihm Gott vor. Sagte
er aber: „Ziehet das Schwert! Marschieret gegen jenes Volk!", da
gehorchten sie sogleich. Sie unterschieden den ewigen Herrn
vom zeitlichen Herrn, und dennoch waren sie um des ewigen
Herrn willen auch dem zeitlichen Untertan.[105]

Die folgenden Zitate machen deutlich, was Augustinus von der Haltung der frühen Kirche unterscheidet:

de libero arbitrio I,5,12

Ich bin der Überzeugung, daß ein Soldat, der den Feind tötet, wie
auch ein Richter und ein Henker, die einen Verbrecher richten,
keine Sünde begehen; indem sie so handeln, befolgen sie das Gesetz […] Der Soldat, der den Feind tötet, ist schlechthin der Diener des Gesetzes. Es ist ihm daher ein Leichtes, seinen Dienst

---

[105] AUGUSTINUS, in: Texte der Kirchenväter (TKV) III, herausgegeben von A. Heil-
mann, H. Kraft (München 1964), S. 533.

sachlich auszuüben, um dadurch seine Mitbürger zu schützen und der Gewalt mit Gewalt entgegenzutreten.[106]

de civitate dei I,21

Doch hat Gottes gebietender Wille selbst einige Ausnahmen von jener Anordnung, keinen Menschen zu töten, verfügt. Es versteht sich nämlich, daß wenn Gott selbst töten heißt, sei es durch Erlaß eines Gesetzes, sei es zu bestimmter Zeit durch ausdrücklichen an eine Person gerichteten Befehl, solch ein Ausnahmefall vorliegt. Dann tötet nicht der, der dem Befehlenden schuldigen Gehorsam leistet, wie das Schwert dem dient, der es führt. So verstießen keineswegs gegen das Gebot ‚Du sollst nicht töten', die auf Gottes Veranlassung Kriege führten, oder die als Träger obrigkeitlicher Gewalt nach seinen Gesetzen, das heißt nach dem Gebot vernünftiger Gerechtigkeit, Verbrecher mit dem Tode bestraften. […] Die Fälle also nehmen wir aus, in denen entweder im allgemeinen ein gerechtes Gesetz, oder Gott, der Quell aller Gerechtigkeit, im besonderen zu töten befiehlt. Im übrigen macht sich jeder, der sich selbst oder einen anderen Menschen tötet, des Verbrechens des Mordes schuldig.[107]

de civitate dei I,26

[…] Denn auch der Soldat, der in Gehorsam gegen die rechtmäßige Gewalt einen Menschen tötet, wird durch kein Gesetz seines Staates zum Mörder erklärt, vielmehr macht er sich, wenn er es nicht tut, der Übertretung und Verachtung des Befehls schuldig. Täte er es dagegen auf eigene Faust und Verantwortung, würde er sich mit Blutschuld belasten. Tat er's also ohne Befehl, wird er ebenso bestraft, wie wenn er es trotz Befehl nicht tat. […][108]

---

[106] HORNUS, S. 167.
[107] AUGUSTINUS, *Vom Gottesstaat*, übertragen von Wilhelm Thimme (Zürich 1963), S. 79/80.
[108] A.a.O., S. 86.

5. | Literaturverzeichnis

a) Quellentexte

ACHELIS, Hans: Acta SS. Nerei et Achilei (Leipzig 1893).

ANALECTA BOLLANDIANA, IX (1890) und 41 (1923).

AUGUSTINUS: Vom Gottesstaat (Zürich 1963).

BIBLIOTHEK DER KIRCHENVÄTER (BKV).

BOTTE, Bernhard: La Tradition Apostolique = Sources Chretiennes (SC) 11 (Paris 1968).

BÜRKE, Georg: Paulinus von Nola, Das eine Notwendige (Einsiedeln 1961).

HEFELE, Carl Joseph von: Conciliengeschichte (Freiburg 1873).

HEGEMONIUS: Acta Archelai, in: Die griechischen christlichen Schriftsteller der ersten drei Jahrhunderte (GCS) 16, hg. von Henry Beeson (Leipzig 1906).

KNOPF/KRÜGER: Ausgewählte Märtyrerakten (Tübingen 1929).

LACTANTI: Opera Omnia = Patrologia Latina (PL) 7 (Paris 1844).

MUSURILLO, Herbert: The Acts of the Christian Martyrs (Oxford 1972) lateinisch/englisch.

PAULINUS NOLANUS: Opera Omnia = Patrologia Latina (PL) 61 (Paris 1861).

RAHMANI, J. E. (Hg.): Testamentum Domini Nostri (Mainz 1899).

RÜTTEN, Felix: Lateinische Märtyrerakten und Märtyrerbriefe (Münster 5-1961).

RUINART, Theodorici: Acta Martyrum (Ratisbonae 1859).

RUINART, Theodorich: Echte und ausgewählte Acten der ersten Martirer. Nach den ältesten Ausgaben und Handschriften kritisch gesammelt und beleuchtet. Mit einer allgemeinen polemischen Einleitung. Aus dem Lateinischen übersetzt nach der Amsterdamer Ausgabe des Heinrich Wettstein vom Jahre 1713, 6 Bde. (Wien 1831/1834).

SCHULTZ, W.: Die Kirche im Römischen Reich = Quellen 14, hg. von H. Ristow, W. Schultz (Berlin 1970).

TATIAN: oratio ad graecos, in: Corpus Apologetarum Christianorum Saeculi Secundi Vol VI (Paris 1851), hg. von Otto, J. K. Th.

TEXTE DER KIRCHENVÄTER (TKV).

b) Sekundärtexte

ACHELIS, Hans: Das Christentum in den ersten drei Jahrhunderten (Leipzig 1912).

ALTANER, Berthold / STUIBER, Alfred: Patrologie (Freiburg/Basel/Wien ⁸1978), zitiert als: Altaner.

ARBEITSGRUPPE ATOMWAFFENFREIER FACHBEREICH 01 (KATHOLISCHE THEOLOGIE) (Hg.): Gewaltfreiheit-Widerstand und Christentum (Mainz 1984), Bezug [1984]: AK, ,Atomwaffenfreier Fachbereich 01', Fachschaftszimmer, Saarstr. 21, 6500 Mainz [1984].

BAINTON, Roland: The Early Church and the War: Harvard Theological Review 39 (1946), S. 189/212.

BAINTON, Roland: Die frühe Kirche und der Krieg, in: Das frühe Christentum im römischen Staat, hg. von R. Klein = Wege der Forschung 267 (Darmstadt 1971 S. 187/216, zitiert als: Bainton.

BLANK, Josef: Im Dienst der Versöhnung (München 1984), zitiert als: Blank

BLANK, Josef: Gewaltlosigkeit – Krieg – Militärdienst, in: Orientierung 14/15, S. 157/63 sowie Orientierung 19, S. 213/16 und Orientierung 20, S. 220/23 (Zürich 1982).

BUTTURINI, E.: La nonviolenza nel cristianesimo dei primi secoli (Turin 1977).

CADOUX, Cecil John: The Early Christian Attitude to War (New York 1975) erstmals: (London 1919).

CAMPENHAUSEN, Hans von: Der Kriegsdienst der Christen in der Kirche des Altertums, in: Offener Horizont = FS K. Jaspers, hg. von K. Pieper (München 1953), S. 255/264; gleicher Aufsatz in: ders., Kräfte der Kirchengeschichte (Tübingen 1960), S. 203/15.

CAMPENHAUSEN, Hans von: Lateinische Kirchenväter (Stuttgart ³1972).

DELEHAYE, Hippolyte: Les Passions des Martyrset les genres litteraires = Subsidia Hagiographica 13 b (Bruxelles 1921).

DESCHNER, Karl-Heinz: Abermals krähte der Hahn (Stuttgart ³1968).

DEUTSCHE BISCHOFSKONFERENZ: Gerechtigkeit schafft Frieden (Bonn 1983).

DIGNATH-DÜREN, Walter: Kirche-Krieg-Wehrdienst (Hamburg 1955).

DÖLGER, Franz-Joseph: Sacramentum Militiae, in: Antike und Christentum 2, Heft 4, hg. von ders. (Münster 1930), S. 268/280.

FERRAND, Philippe: De Erste Drie Euwen Kristendom, Oorlog en Geweld, in: Geweldloosheid vrede en verdediging, hg. v. Pierre Parodi, flämische Ausgabe von: Vrienden van de ARK, Vlaanderen, Nederland c/o Hector Ryckewaert, Herseltsesteenweg 4, 3220 Aarschot, S. 24/31. [Angabe 1984!]

FONTAINE, J.: Les chrétiens et le service militaire dans l'Antiquité, in: Concilium 7/1965.

GERHARDS, Thomas, Kriegsdienstverweigerung in der frühen Kirche, in: Neue Stimme, Heft 11, 1987, S. 21/23.

GRESSEL, Hans: Die Rolle der Kirchen im Widerstand gegen den Krieg, hg. v. Internationalen Versöhnungsbund (Uetersen 1988) S. 1/37.

HÄRING, Bernhard: Die Heilkraft der Gewaltfreiheit (Düsseldorf 1986).

HARNACK, Adolf von: Militia Christi (Tübingen 1905); zitiert als: Harnack.

HARNACK, Adolf von: Aus der Friedens- und Kriegsarbeit (Giessen 1916) = Kriegspredigten.

HELGELAND, J./DALY, R.J./PATOUT-BURNS, J.: Christians and the Military. The early Experience (Philadelphia 1985).

HORNUS, Jean-Michel: Evangile et Labarum, éd. Labor et Fides, (Paris 1960). – Dt. Übers.: HORNUS, Jean-Michel: Politische Entscheidungen in der alten Kirche = Beiträge zur evangelischen Theologie 35, hg. von E. Wolf (München 1963); zitiert als: Hornus.

KARPP, Heinrich: Die Stellung der alten Kirche zu Kriegsdienst und Krieg, in: Evangelische Theologie, Vol. 17, Nr. 11 (Nov. 1957) S. 496/515.

LECLERCQ, Henri: Militarisme, in: Dictionaire d'archeologie chretienne et de liturgie (DACL) 11,1 (Paris 1933) Sp. 1108/81.

LIENEMANN, Wolfgang: Gewalt und Gewaltverzicht (München 1982).

L'OBJECTION DE CONSCIENCE AU TROISIEEME SIECLE, = évangileet Non-Violence, Session d'Orsay 77, No. I, = Cahiers de la Réconciliation, No. 9, Septembre 1977, hg. v. Mouvement International de la Réconciliation.

LOHFINK, Gerhard: Wie hat Jesus Gemeinde gewollt? (Freiburg/Basel/Wien ²1983)

Lorson, Pierre S.J.: Wehrpflicht und christliches Gewissen (Frankfurt/M. 1952).

MOMMSEN, Theodor: Römisches Strafrecht (Leipzig 1899).

NIGG, Walter: Martin von Tours (Freiburg/Basel/Wien 1977).

OOTEGEM, Dries van: Wapengeweld en Geweten in de kerk der eerste eeuwen, hg. v. Pax Christi Vlaanderen (Antwerpen 1986).

PAX CHRISTI (Hg.): Die Herausforderung des Friedens: Gottes Verheißung und unsere Antwort = 2. Entwurf des Hirtenbriefes der Konferenz der katholischen Bischöfe der USA zu Krieg und Frieden (Frankfurt/M 1982).

PAX CHRISTI (Hg.): Gewaltfreiheit und Widerstand im frühen Christentum (= Probleme des Friedens, Heft 3/1985).

PFISTER, Hermann / SCHULTHEIß, Bernhard: Kirche und Kriegsdienstverweigerung, in: Probleme des Friedens, hg. v. Deutsche Sektion von Pax Christi, Heft 1-4/1974, S. 1-7.

RAHNER, Hugo: Kirche und Staat im frühen Christentum (München 1961).

RAUHUT, Franz: Hat der Hl. Martin den Kriegsdienst verweigert? in: Der Christ in der Welt, Jahrgang 19, Heft 2 (1969), S. 29/36.

REHLIN / TEICHERT: Gottescourage (Kreuz-Verlag 1981) S. 117/141.

RÖSCH-METZLER, Wiltrud: Spurensuche in Europa – Eine Reise mit Martin von Tours, in: Christin der Gegenwart 46 (1989) S. 381f; vgl. auch Leserbrief in: Heft 49 (1989) S. 404.

RYAN, E. A.: The Rejection of Military Service by the Early Christians, in: Theological Studies 13 (1952) S. 1/32.

SCHATZ, Klaus: Friedenseinsatz und Kriegsethik im Laufe der Kirchengeschichte = Vorlesung an der Philosophisch-Theologischen Hochschule St. Georgen/Frankfurt WS 85/86, autorisierte Vorlesungsmitschrift, Bezug: Skriptothek, Hochschule St. Georgen, Offenbacher Landstr. 224, 6000 Frankfurt 70 [Angabe 1991!].

SCHNEIDER, Reinhold: Der Heilige Martin von Tours, in: ders., Herrscher und Heilige (Köln/Olten 1953), S. 279/93.

SCHNEIDER, Reinhold: St. Martin von Tours: Bischof und Pazifist, in: Der Christ in der Welt, Jahrgang 3, Folge 2, hg. von H. Goss-Mayr (1952/ 1953), S. 49/53.

SINISCALO, P.: Massimiliano; un obiettore die coscienza del tardo impero (Turin 1974).

SPIEGEL, Egon: Gewaltverzicht – Grundlagen einer biblischen Friedenstheologie (Kassel 1987).

VOSSEN, Carl: Sankt Martin (Düsseldorf 1975) 66.

WOHLFAHRTH, Karl Anton: Die Haltung der alten Kirche zum Kriegsdienst, in: Trierer Theologische Zeitschrift (81/1972) Nr. 3, S. 170/82.

Eine empfehlenswerte Bibliographie zum Thema, die insbesondere den englischsprachigen Raum abdeckt, aber nicht vollständig ist, [hat erstellt]: Prof. Peter Brock, Department of History, University of Toronto, Toronto, Canada M5S 1A2. [Angabe 1984/1991 !].

Adolf von Harnack
Militia Christi

Die christliche Religion und der Soldatenstand
in den ersten drei Jahrhunderten.
Mit einem einleitenden Essay von Franz Segbers

edition pace | *Regal: Pazifismus der frühen Kirche* 1
Herausgegeben von Peter Bürger
(ISBN: 978-3-7597-6020-3; Paperback; 180 Seiten; 9,99 €)

1905 veröffentlichte der protestantische Gelehrte Adolf von Harnack
(1851-1930) seine jetzt als Neuedition vorgelegte Spezialstudie „*Militia
Christi*" mit dem Untertitel: „Die christliche Religion und der Soldatenstand in den ersten drei Jahrhunderten". Darin, so resümiert Herbert
Koch, „führte Harnack den Nachweis, dass es für die Christen bis zum
Ende des 2. Jahrhunderts eine Selbstverständlichkeit war, keinen Dienst
im römischen Heer zu leisten. Ein Problem entstand erst, als es mit fort-
schreitender Ausbreitung des Christentums auch Soldaten gab, die ge-
tauft werden wollten. Dies wurde dann zugestanden, aber nur unter
Auflagen, etwa der, die Beteiligung an Hinrichtungen (tötender Gewalt)
zu verweigern. Eine Studie wie diese hatte es bis dahin nie gegeben."

Der Anhang dieser Neuausgabe enthält noch das „Soldatenkapitel" aus
dem Werk „Mission und Ausbreitung des Christentums" (1902/1906)
sowie „Anmerkungen" zu Harnacks unrühmlicher Rolle als Staatsdie-
ner während des Ersten Weltkriegs. – Franz Segbers beleuchtet in seinem einleitenden Essay den Pazifismus der frühen Christenheit als „un-
zeitgemäße Erinnerung zur Zeitenwende": „Wie die Theologen der Alten Kirche in den vorkonstantinischen Jahrhunderten für ihre Zeit des
Imperium Romanum eine kontextuelle Theologie der Gewaltfreiheit
entworfen haben, ist es auch den Theologen und Theologinnen im 21.
Jahrhundert aufgegeben, den Zusammenhang von Kapitalismus, Militarisierung und Rückkehr des Krieges als Kontext ihrer Theologie zu reflektieren."

edition pace

Begründet von Thomas Nauerth & Peter Bürger

John Dear
EIN MENSCH DES FRIEDENS UND DER GEWALTFREIHEIT WERDEN
Ausgewählte Aufsätze und Reden.
Norderstedt: BoD 2018 – ISBN: 978-3-7460-8898-3

Heinrich Missalla
„GOTT MIT UNS"
Die deutsche katholische Kriegspredigt 1914-1918.
Norderstedt: BoD 2018 – ISBN: 978-3-7528-1568-9

Christian Weisner / Friedhelm Meyer / Peter Bürger (Hg.)
„GEDENKT DER HEILIGSPRECHUNG VON OSCAR ROMERO
DURCH DIE ARMEN DIESER ERDE"
Dokumentation des Ökumenischen Aufrufes zum 1. Mai 2011.
Norderstedt: BoD 2018 – ISBN: 978-3-7460-7979-0

Reinhard J. Voß
DIE KATHOLISCHE KIRCHE IN DER DR KONGO
IM KONTEXT VON GESELLSCHAFT UND ÖKUMENE.
Norderstedt: BoD 2019 – ISBN: 978-3-7481-4482-3

Matthias-W. Engelke
ZELT DER FRIEDENSMACHER
Die christliche Gemeinde in Friedenstheologie und Friedensethik.
Norderstedt: BoD 2019 – ISBN: 978-3-7494-3645-3

IM SOLD DER SCHLÄCHTER
Texte zur Militärseelsorge im Hitlerkrieg
Hg. von R. Schmid, Th. Nauerth, M.-W. Engelke, P. Bürger.
Norderstedt: BoD 2019 – ISBN: 978-3-7481-0172-7

John Dear
GEWALTFREI LEBEN
Aus dem Englischen von Ingrid von Heiseler,
herausgegeben von Thomas Nauerth.
Norderstedt: BoD 2019 – ISBN: 978-3-7494-5179-1

DIE SEELEN RÜSTEN
Zur Kritik der staatskirchlichen Militärseelsorge
Hg. von R. Schmid, Th. Nauerth, M.-W. Engelke, P. Bürger.
Norderstedt: BoD 2019 – ISBN: 978-3-7494-6804-1

Peter Bürger
OSCAR ROMERO, DIE SYNODALE KIRCHE UND ABGRÜNDE DES KLERIKALISMUS
Zum 40. Todestag des Lebenszeugen aus El Salvador.
Norderstedt: BoD 2020 – ISBN: 978-3-7504-9377-3

Ullrich Hahn
VOM LASSEN DER GEWALT
Thesen, Texte, Theorien zu Gewaltfreiem Handeln heute.
Hg. von Annette Nauerth & Thomas Nauerth.
Norderstedt: BoD 2020 – ISBN: 978-3-7519-4442-7

Wilhelm Wille
SIE SAGEN FRIEDE, FRIEDE … Zwanzig Jahre Forum Friedensethik
in der Evangelischen Landeskirche in Baden (FFE).
Norderstedt: BoD 2020 – ISBN: 978-3-7526-2956-9

Thomas Nauerth /
Ökumenisches Institut für Friedenstheologie (Hg.)
WAS IST FRIEDENSTHEOLOGIE ? EIN LESEBUCH.
Norderstedt: BoD 2020 – ISBN: 978-3-7526-4444-9

George Pattery S.J.
GANDHI ALS GLAUBENDER. Eine indisch-christliche Sichtweise.
Aus dem Englischen von Ingrid von Heiseler.
Herausgegeben von Klaus Hagedorn & Thomas Nauerth.
Norderstedt: BoD 2021 – ISBN: 978-3-7557-0056-2

Ulrich Frey
AUF DEM WEG DER GERECHTIGKEIT UND DES FRIEDENS
Texte aus drei Jahrzehnten. Herausgegeben von Gottfried Orth.
Norderstedt: BoD 2022 – ISBN: 978-3-7543-8569-2

Thomas Nauerth / Annette M. Stroß (Hg.)
IN DEN SPIEGEL SCHAUEN
Friedenswissenschaftliche Perspektiven für das 21. Jahrhundert.
Ein Lesebuch mit Texten von Egon Spiegel.
Norderstedt: BoD 2022 – ISBN: 978-3-7562-2081-6

Jochen Vollmer
„FRIEDENSKIRCHE WERDEN – ANKOMMEN IM
POSTKONSTANTINISCHEN ZEITALTER"
Friedenstheologische Beiträge zur Entgiftung von Kirche und Glauben.
In Zusammenarbeit mit dem OekIF, hg. von Matthias-W. Engelke.
Norderstedt: BoD 2023 – ISBN: 978-3-7583-0420-0

Gottfried Orth (Hg.)
… DASS GERECHTIGKEIT UND FRIEDEN SICH KÜSSEN
Helmut Gollwitzer (1908-1993).
Norderstedt: BoD 2024 – ISBN: 978-3-7583-7214-8

Alfred Hermann Fried
GESCHICHTE DER FRIEDENSBEWEGUNG
Eine Darstellung zum Pazifismus bis 1912.
(Regal: Geschichte der Friedensbewegung 1)
Norderstedt: BoD 2024 – ISBN 978-3-7597-0334-7

Ludwig Quidde
ÜBER MILITARISMUS UND PAZIFISMUS
Vier friedensbewegte Texte aus den Jahren 1893-1926.
(Regal: Geschichte der Friedensbewegung 2)
Norderstedt: BoD 2024 – ISBN 978-3-7597-0320-0

Richard Barkeley
DIE DEUTSCHE FRIEDENSBEWEGUNG 1870-1933
Unveränderter Text der Darstellung von 1947 – Bibliographie.
(Regal: Geschichte der Friedensbewegung 3)
Norderstedt: BoD 2024 – ISBN 978-3-7597-0405-4

Eberhard Bürger
FRIEDENSBEWEGUNGEN IN DER ÖKUMENE
UM DIE ZEIT DES ERSTEN WELTKRIEGS – EIN ÜBERBLICK
(Regal: Geschichte der Friedensbewegung 4)
Norderstedt: BoD 2024 – ISBN 978-3-7597-0660-7

Dieter Riesenberger
DIE KATHOLISCHE FRIEDENSBEWEGUNG IN DER WEIMARER REPUBLIK
Neuedition der Auflage von 1976. – Mit einem Vorwort von Walter Dirks
und einem Nachruf für Dieter Riesenberger von Helmut Donat.
(Regal: Geschichte der Friedensbewegung 5)
Norderstedt: BoD 2024 – ISBN 978-3-7597-0649-2

David Low Dodge
KRIEG IST MIT DER RELIGION JESU CHRISTI UNVEREINBAR
Eine pazifistische Pionierschrift aus dem Jahr 1812,
mit einer Einführung von Edwin D. Mead –
aus dem Englischen von Ingrid von Heiseler.
(Regal: Geschichte der Friedensbewegung 6)
Norderstedt: BoD 2024 – ISBN: 978-3-7597-3038-1

Erasmus von Rotterdam
ALLE MÜSSEN DEN KRIEG VERLÄSTERN
„Die Klage des Friedens" 1517, übersetzt von Rudolf Liechtenhan –
mit einem Vorwort von Eugen Drewermann.
Norderstedt: BoD 2024 – ISBN: 978-3-7583-8178-2

Johann von Bloch
DIE WAHRSCHEINLICHEN POLITISCHEN UND WIRTSCHAFTLICHEN
FOLGEN EINES KRIEGES ZWISCHEN GROSSMÄCHTEN
Neuedition der Übersetzung von 1901 mit Begleittexten
von B. Friedberg, Manfred Sapper und Jürgen Scheffran
(Regal: Pazifisten & Antimilitaristen aus jüdischen Familien 1)
Norderstedt: BoD 2024 – ISBN: 978-3-7597-2313-0

Rudolf Goldscheid
MENSCHENÖKONOMIE, WELTKRIEG UND WELTFRIEDEN
Ausgewählte Schriften 1912 – 1926
(Regal: Pazifisten & Antimilitaristen aus jüdischen Familien 2)
Norderstedt: BoD 2024 – ISBN: 978-3-7597-7885-7

Moritz Adler
WENN DU DEN FRIEDEN WILLST, BEREITE FRIEDEN VOR
Texte wider den Krieg 1868 – 1899
(Regal: Pazifisten & Antimilitaristen aus jüdischen Familien 3)
Norderstedt: BoD 2024 – ISBN: 978-3-7597-9450-5

Eduard Loewenthal
DER KRIEG IST ABZUSCHAFFEN
Friedensbewegte Schriften für das Europa
der Völker und einen Weltstaatenbund, 1870 – 1912
(Regal: Pazifisten & Antimilitaristen aus jüdischen Familien 4)
Norderstedt: BoD 2024 – ISBN: 978-3-7583-5069-6

edition pace

Die hier fortgesetzte *edition pace,*
initiiert von Thomas Nauerth und Peter Bürger,
erschließt Quellentexte, Inspirationen & Forschungsbeiträge
zu folgenden Themenschwerpunkten:

Kultur der Gewaltfreiheit und des Friedens;
Persönlichkeiten, Spiritualität und Praxis
des gewaltfreien Widerstands;
Friedenstheologie, Kritik der Kriegsreligion;
Kirchliche Friedenslehren und Geschichte des
religiös motivierten Pazifismus;
Ökumenische und interreligiöse Lernprozesse
in der Bewegung für Gerechtigkeit, Frieden und
Bewahrung der Schöpfung.

Ergänzend:
Regal zur Geschichte der Friedensbewegung.

Regal: Pazifisten & Antimilitaristen
aus jüdischen Familien.

Buchausgaben:
https://buchshop.bod.de/
(Suchfunktion | Eingabe: *edition pace*)